领先

化文育人软实力研究

李石 / 著

人民日报出版社

北京

图书在版编目（CIP）数据

领先：化文育人软实力研究 / 李石著. —北京：
人民日报出版社，2022.2
ISBN 978-7-5115-7253-0

Ⅰ.①领… Ⅱ.①李… Ⅲ.①中国特色社会主义—文
化事业—建设—研究 Ⅳ.①G12

中国版本图书馆CIP数据核字（2022）第013903号

书　　名：领先：化文育人软实力研究
　　　　　LINGXIAN：HUAWENYUREN RUANSHILI YANJIU
作　　者：李　石
出 版 人：刘华新
责任编辑：袁兆英
封面设计：中尚图

出版发行：人民日报出版社
社　　址：北京金台西路2号
邮政编码：100733
发行热线：（010）65369527　65369512　65369509　65369510
邮购热线：（010）65369530
编辑热线：（010）65363251
网　　址：www.peopledailypress.com
经　　销：新华书店
印　　刷：天津中印联印务有限公司
法律顾问：北京科宇律师事务所 010-83622312

开　　本：710mm × 1000mm　1/16
字　　数：194千字
印　　张：13
印　　次：2022年2月第1版　2022年2月第1次印刷

书　　号：ISBN 978-7-5115-7253-0
定　　价：59.00元

目录

绪 论

第一节 选题背景

党的十九大报告标定了中国特色社会主义进入新时代的全新历史方位，这个新时代是全体中华儿女勠力同心、奋斗实现中华民族伟大复兴中国梦的时代。为了实现中华民族伟大复兴这一梦想，中国特色社会主义建设确立"五位一体"战略布局。其中文化建设作为一个重要方面，被提升到国家建设的战略高度，表明新时代文化建设具有极其重大战略价值和意义。中国共产党历来重视文化建设，在长期革命、建设和改革的实践中积累了许多宝贵经验，创造了丰富的精神成果和物质成果，为新时代的文化建设奠定了重要基础。以习近平同志为核心的党中央坚持社会主义先进文化发展方向，以高度的文化自觉和坚定的文化自信，结合新时代背景就社会主义文化建设问题做出了战略部署，高瞻远瞩地确立了建设社会主义文化强国的伟大目标。我军的文化建设历来是党和国家文化建设的重要组成部分，在人民军队的发展历程中，我军同样将文化建设作为重要工作给予高度重视，经过长期积淀逐渐形成具有我军鲜明特色的包括军营文化在内的先进军事文化。我军军事文化内涵丰富，从内容、形式和关联性来看涉及国防和军队活动的各个领域，按照主体属性和时空范畴可以划分为军事组织和非军事组织两种不同类别的文化。军事组织的文化，也可以将其认识为军营文化的另一种表述，主要反映军队内部的、军人群体的文化，是军事文化的重要组成部分。军队是国防力量的核心，建设强大国防的关键是建成一支强大的人民军队。实现党在新时代的强军目标、建设世界一流军队，需要包括新时代军营文化在内的军事文化的有力支撑。本书将结合新时代背景和实现强军目标、建成世界一流军队的宏伟志向，以新时代军营文化建设为研究对象进行深入系统研究。

一、积极响应建设社会主义文化强国的必然要求

当今世界，文化实力已成为各国综合实力较量中的核心竞争力，加强文化建设是时代趋势和历史必然。文化是一个国家、一个民族最深沉的力量和底蕴，从广义上来看，一切人类精神和物质的成果都属于文化。从马克思主义对人的本质认识看，文化作为人的创造性实践活动及其创造成果的有机统一，确立了人的实际存在，即文化的本质意义在于反映人的存在形式，控制了文化就是控制了人的思想和行为。可以说，国家间政治理念、经济制度、军事实力的较量从深层次上看都属于文化实力的较量，大多在文化上处于领先地位的国家往往能够取得最终的、持久的胜利。环顾全球，世界主要国家将增强文化软实力作为国家战略，结合自身的国际定位和优势，通过多种形式不断将本国的价值观念和意识形态传播到世界各地，将文化领导权、控制权视为扩大全球影响力的关键。当今世界第一强国美国十分重视文化建设和扩张。美国的文化战略明确清晰，主要围绕"通过文化外交，传播美国的价值理念，塑造美国的民主自由和繁荣的国家形象；提倡全球自由贸易，输出文化产品，占领国际文化市场，扩大美国文化的影响力，提升美国的全球软实力。"[①] 美国的文化战略表明，其已将文化视为获取霸权、控制世界的重要支撑。美国还十分重视用文化支援战争。他们认为战争的精华不在于作战胜利，而在于文化的渗透同化。伊拉克战争结束后，美国通过为伊拉克学生更换美式教材、建设"中东电视网"、创办《你好》杂志、大力宣扬美式文化等手段，对伊拉克年轻一代进行"洗脑"，以此赢得伊拉克和中东国家的对美认同。依托其强大的军事力量，美国在对外施加文化影响和在他国从事文化渗透活动中收益颇丰，其世界霸主地位因此得到巩固。俄罗斯作为一个传统文化大国注重文化建设和发展。早在 1992 年，它就出台了《俄罗斯联邦文化基本法》，围绕《基本法》对各项法律不断调整和修订，逐步形成了完整的文

---

① 邓显超 . 中国文化发展战略研究 [D].
   https://xueshu.baidu.com/usercenter/paper/show?paparid=a3ff569e7bd4e5a00f4d1f24ab59666.2007.

化法律体系，为国家文化事业的发展特别是文化战略政策的顺利实施奠定了法律保障。2016 年，俄罗斯政府颁布《2030 年前俄罗斯联邦国家文化政策战略》，将对外文化政策提升成为一个完整的对外文化战略。其主要内容包括，重塑后苏联空间是俄罗斯对外文化战略的核心内容、把扩大俄语在世界范围内的影响力作为对外文化战略的重要内容、通过文化外交加强与独联体国家之间的联系等。日本政府早在 20 世纪 60 年代，就制定了"文化倍增发展计划"。1989 年《文化倍增论——从经济大国向文化大国》的问世，标志着日本建设"文化大国"发展目标的确立。2009 年，日本政府发表《关于加强对日本文化的理解和关注的文化传播措施》报告，其中明确："文化战略性传播的重要性在于，在当今时代，国民热爱文化，发挥从文化中培养的创造性，能提高社会活力和振兴经济，现在是'文化实力'左右国力的时代。在这种情况下，不仅是欧美各国，亚洲各国也在大力振兴和传播文化。我国通过将独特的传统文化广泛传播到世界，能够加深世界对我国的理解，确立我国在世界上的地位。"[1] 韩国 1998 年提出"文化立国"战略。韩国政府将文化产业看作 21 世纪发展国家经济的战略性支柱产业优先发展，相继出台《国民政府的新文化政策》等一系列条文法规，为文化产业的发展在法律上提供了绝对的保障。[2] 在机构设置上，设立文化产业局来主管文化产业，专门成立韩国文化产业振兴院，负责制定国家文化产业政策、发展计划和运行方案。通过国家行为在政策、资金、机构、人才培养等方面的大力支持，韩国文化已在世界文化之林中占有一席之地。

　　加强中国特色社会主义文化建设是党中央高度重视的一项战略工程。习近平主席指出："没有中华文化繁荣兴盛，就没有中华民族伟大复兴。……没有先进文化的积极引领，没有人民精神世界的极大丰富，没有民族精神力量的不断增强，一个国家、一个民族不可能屹立于世界民族之林。"[3] 党的十八大以来，习近平主席多次在不同重要场合阐述文化的重要性和文化建设的重大意义，针对文化发展问题先后两次

① 赵敬.冷战后日本文化发展战略简析 [J].日本学刊，2010（06）:84-95.
② 陈艳平，盛辉.从韩国文化立国战略看国家软实力的提升 [J].人民论坛，2014（11）:247-249.
③ 中共中央文献研究室.习近平关于社会主义文化建设论述摘编 [M].北京：中央文献出版社，2017:7.

召开文艺座谈会，这是继毛泽东同志在延安召开文艺座谈会后在党的历史上所没有过的，既说明习近平主席和党中央对文化建设的高度重视，也说明当前加快文化发展、提高文化建设质量、增强文化自信、构建新时代先进文化体系已然成为中国特色社会主义建设中的必然要求和当务之急，是实现中华民族伟大复兴的重要举措和鲜明标志。改革开放四十年，我国在物质文明建设上取得了举世瞩目的成就，而精神文明建设相对而言则差强人意，甚至在一些价值观念上的极度扭曲已经触及社会容忍的底线，归结根本正是文化上出了问题。进入新时代，中国需要经济繁荣，更需要文化的大发展大繁荣。党的十九大报告指出："发展中国特色社会主义文化，就是以马克思主义为指导，坚守中华文化立场，立足当代中国现实，结合当今时代条件，发展面向现代化、面向世界、面向未来的，民族的科学的大众的社会主义文化，推动社会主义精神文明和物质文明协调发展。"①这既是对提高文化建设水平的具体要求，又是对社会各界尤其是理论界加强文化研究力度的信号和指示，预示着围绕文化这一主题开展研究和实践将迎来大好机遇和关键时刻，此时将研究目光聚焦文化领域，可谓风劲帆满图新志，研究文化正当时。

包括新时代军营文化在内的军事文化建设是中国特色社会主义文化建设的重要内容。我军是中国共产党绝对领导下的人民军队，党的事业就是军队的事业，党的任务就是军队的任务。军队必须积极响应大力开展中国特色社会主义文化建设的伟大号召，加强包括新时代军营文化建设在内的军事文化建设，为发展中国特色社会主义文化做出应有贡献。不仅如此，军队作为体现党的意志和落实党的决议的排头兵，作为巩固党的执政地位的中坚力量，还必须在推进包括新时代军营文化建设在内的军事文化建设上走在全社会的前列，对全社会各组织团体的文化建设起到示范和导向作用。为此，必须大力加强包括新时代军营文化建设在内的军事文化建设研究，领会其本质内涵，掌握其特点规律，明确其推进方略，为加强新时代军营文化建设提供有力理论支撑。

---

① 习近平：坚定文化自信．建设社会主义文化强国 [J]．中国民族博览，2019（13）:4-8.

二、增强新时代军事软实力的内在需要

军事软实力是战斗力的重要组成部分。"一项没有文化支撑的事业难以持续长久。"[①] 实现新时代的强军目标、建设世界一流军队，离不开文化的支撑和推动。对于国家而言，文化决定着国势盛衰；对于军队而言，文化是影响战争胜负的关键。文化作为军事软实力的核心主要体现在两个方面：一方面，文化是一支军队的灵魂，决定着军队活动的性质；另一方面，文化是一支军队力量源泉，决定军事活动进程、方向及结果。当下，我们正迎来一个文化竞争激烈的时代、一支军队的文化软实力与军事硬实力对战争的胜负越来越具有同样重要的作用。军事力量由军事硬实力和军事软实力共同构成，军事软实力从根本上说就是文化力。在信息化智能化社会中，世界各国的军事战略调整无一例外都将发展重心逐渐从以武器装备为核心的"硬实力"向以文化为核心的"软实力"领域倾斜。

研究新时代军营文化建设，就是通过深入研究、不断提升军营文化建设水平，不断累积新时代我军军事软实力，为最终提升我军战斗力服务。军队战斗力的提升是一个长期发展的过程，光有先进的武器装备等军事硬实力是远远不够的，只有在思想观念、思维方式、军事理论和行为方式上，形成与军事硬实力相匹配的军事软实力，才能从根本上实现军事战斗力的增强。面对现代化战争多维度、多领域的全面较量，军事硬实力与软实力之间可以相互支撑和补充，特别是在军事硬实力存在差距的情况下，更应该加强军事软实力的发展建设，军营文化建设就是最直接最现实的抓手。从我军实际看，塑造与新时代强军目标相匹配的文化形态是推进国防和军队深化改革顺利完成，有效提升战斗力的重要内驱动力。当前，我军正在强军目标指引下为建设成为世界一流军队进行全面深化改革，正面临着人民军队在力量构成、体制编制、政策制度上的重塑。如果说通过科学调整结构和优化要素配置，实现了人民军队的"形变"，是相对容易的，那么随着改革的不断深入，所面对的军事

---

① 中共中央文献研究室.习近平关于社会主义文化建设论述摘编 [M].北京：中央文献出版社，2017:1.

理论和指导原则创新、军人职业化身份新定位、制度政策调整、军民融合发展等问题，则直接关系到军队的"神变"，是不好改、最难改的"硬骨头"。军营文化通过价值观念、思维方式、政策制度、实践活动、物质基础等渗透到军队建设的方方面面，文化层面的全面性、系统性变革，是从根本上推进改革强军事业，有效提升软实力的关键动作。如何在新的历史条件下推进包括军营文化建设在内的军事文化建设，不断提升我军软实力，实现我军重塑与保持"灵魂"的统一，有许多需要我们研究的新情况新问题。因此，加强新时代军营文化建设，对提升军事软实力来说既是抽丁拔楔之法，又是现实性的内在需要。

三、培养新时代"四有"革命军人的迫切需求

用"有灵魂、有本事、有血性、有品德"的精神标准涵养教化新一代革命军人，是习近平治军方略的重要组成部分。培养新时代"四有"革命军人，根本上要靠文化育人。军营是官兵从事军事训练、学习、生活等一切活动的主要场所，通过军营文化建设形成有利于"四有"生成的土壤，让官兵身处其中受到熏陶和感染，是新时代军营文化建设呼应现实要求的重要课题。

新时代军营文化中既包含与新时代的特殊要求相适应的思想观念、价值取向和价值追求，又包含着普遍意义上的思维方式和行为准则，并以此在日常生活中对活动于其中的官兵形成最直接的、潜移默化的影响。对官兵新时代"四有"精神的培养和塑造不能靠抽象演绎来实现，必须让官兵直接投身于军营的实践活动中熏陶锻造。新时代军营文化在"以文化兵、以文育将、以文塑魂"中发挥着不可替代的作用，其所表现出的思维方式和行为准则与新时代"四有"价值取向标准越一致，越有利于官兵形成对新时代"四有"精神的一致认可，并以此为坚定理想信念、投身强军事业的精神激励。正如马克思的经典论述所指出的："人们在自己生活的社会生产中发生一定的、必然的、不以他们的意志为转移的关系，即同他们的物质生产力的一定发展阶段相适应的生产关系。这些生产关系的总和构成社会的经济结构，即有法律的和政治的上层建筑竖立其上并有一定的社会意识形态与之相适应的现实基础。物质生活的生产方式

制约着整个社会生活、政治生活和精神生活的过程。不是人们的意识决定人们的存在，相反，是人们的社会存在决定人们的意识。"[①]军营文化在不同历史时期表现出不同的时代特征，新时代"四有"要求既是我军军营文化新的时代内涵，又是我军军营文化创新发展的精神结晶。培养新时代"四有"革命军人，必须大力加强对军营文化建设研究，搞清楚新时代军营文化在育人上的特殊规律和内在机理，切实通过新时代军营文化把"四有"核心价值观融入官兵的灵魂和行为中。

第二节 研究现状

通过搜集现有研究资料可以发现，虽然还没有直接以新时代军营文化建设为题的系统研究，但相关军营文化，特别是军事文化的研究已经形成可观规模，学术论文、研究报告、专著等成果丰富，为本论文的撰写提供了重要的文献素材。

一、基本情况

通过在军队院校公共数字图书馆、中国知网、维普资源等数据库平台的检索来看，关于军营文化的相关研究在数量上已经形成相当规模。将 2012 年党的十八大召开作为时间节点，以"新时代军营文化建设"为篇名进行检索，没有直接相关的学位论文或文章。以"军营文化""军营文化建设"为关键词进行检索，在中国知网上检索出相关文献 863 篇，其中硕博论文 26 篇，其他绝大部分是发表在各类刊物上的论文，还没有图书专著出版。由于学术界对军营文化问题关注已久，在去掉时间限制后再次以"军营文化""军营文化建设"为关键词进行检索，相关的学术成果已山积波委，仅直接相关的硕士学位论文就有 46 篇，以此为主题的图书专著不完全统计有近百部，刊发在各类期刊报纸上的学术论文不胜枚举。

从查阅的主要文献来看，当前学术界的研究主要围绕以下几个方面开展。一是

[①] 《马克思恩格斯选集》第二卷 [M]. 北京：人民出版社，1995:31.

关于军营文化的概念、基本特征、主要内容，并指出其重要地位和意义；二是军营文化与军事训练、思想政治教育等相关领域的融合研究；三是进行历史发展的梳理；四是结合时代要求和任务需要论述重要性；五是对当前军营文化建设的现实矛盾进行分析，从实践层面建言献策。从中国知网检索结果来分析研究热度，以"军营文化"为关键词相关中外文献数量如图可见（图一）（图二）；以"军营文化建设"为关键词中文文献数量如图（图三），还没有相关的外文文献收录。

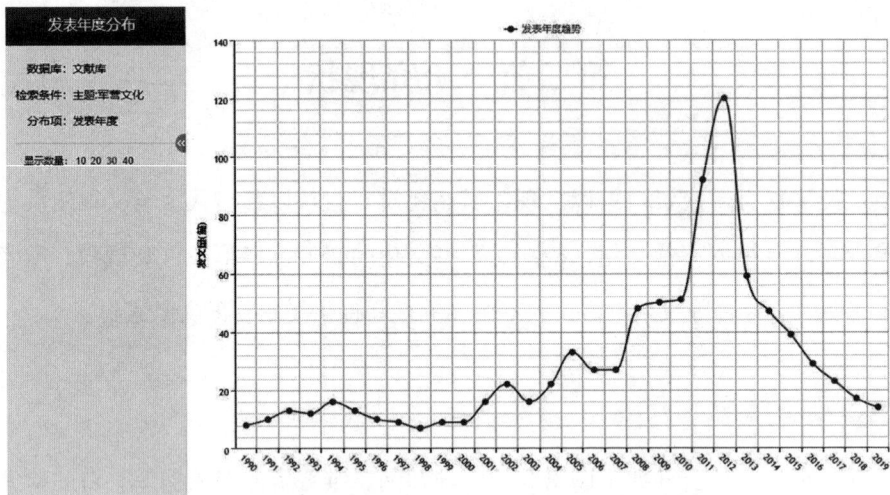

图一　中国知网"军营文化"主题检索中文文献情况

从图三中可以看出，政策导向对研究热度影响很大。例如在2011年和2012年军营文化研究达到高峰，主要原因是党的十七届六中全会以文化改革为主题，提出建设社会主义文化强国的战略任务，以及中央军委下发《关于大力发展先进军事文化的意见》。

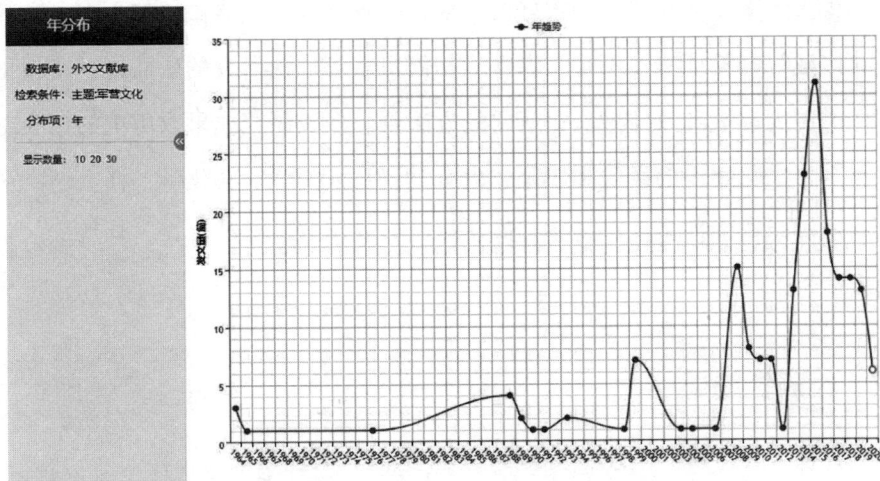

图二 中国知网"军营文化"主题检索外文文献情况

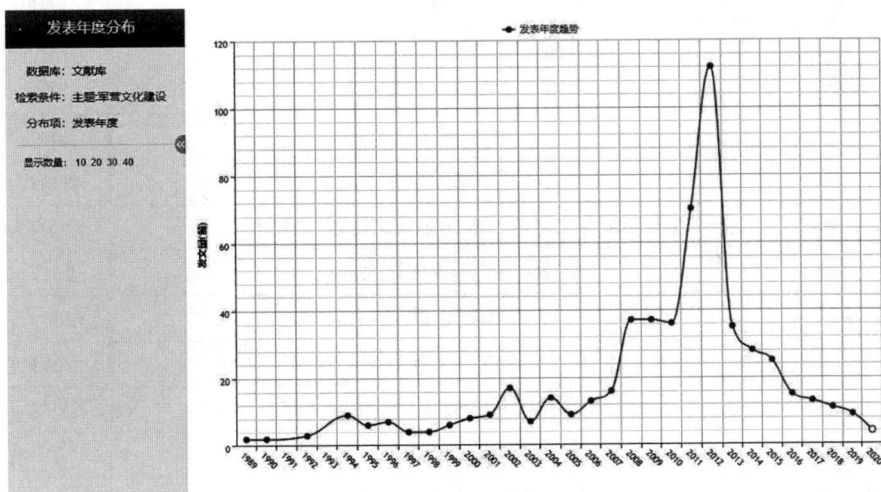

图三 中国知网"军营文化建设"主题检索文献情况

从研究对象看。虽然研究成果丰富，但对于军营文化的基本概念学术界还没有形成统一的认识，不同学者源于对文化理解的不同和研究视角的不同，对军营文化在概念上提出了多种不同的见解；从研究内容看。多数学者都认可军营文化的重要地位，较为全面地总结了军营文化的主要功能，对如何加强军营文化建设从不同视角提出了很多观点和建议，但多是概括性、宏观性的，对其本质规律、生成机理、实效性考察等问题还缺少全面系统的研究；从研究应用看。当前在不少文章中都能够看到不少关于军营文化建设的很好的建议，但真正成为实践做法的不多，究其原因是对这些建议的验证考察不足，大多只是停留在了理论研究的层面，没有转化成指导部队的制度政策和具体做法；从研究方法看。多数研究成果以历史的角度总结概括我军军营文化建设的经验和成果，也有学者从人类学、文化学、社会学、军事政治学等不同学科的视角进行研究，但从整体看立足于新时代背景、具有创新研究方法的成果还比较少。

二、代表性成果

从内容相关度和被下载引用次数看，其中具有代表性成果主要有：

（一）专著类

作者	名　称	时间
王守山	《论新时期基层军营文化建设》	2000 年
何静	《军队文化导论》	2008 年
徐长安	《军事文化学》	2009 年
陈乔冬	《军事文化软实力论》	2009 年
颜旭 任军	《先进军事文化：人民军队文化建设理论与实践》	2009 年
刘志富	《当代中国军事文化发展论纲》	2011 年
万功民	《军事文化学概论》	2009 年
路雪彩等	《先进军事文化理论研究》	2013 年
王鑫	《军队基层文化工作理论与实践》	2013 年
林培雄 颜旭	《先进军事文化创新发展方略》	2013 年
肖冬松	《军事文化及其建设研究散论》	2016 年

（二）论文集

名　称	时间
《战斗精神培育与军营文化建设》	2013 年
《军事文化与强军目标》	2015 年
《强军文化论》	2015 年

（三）学术论文

作者	名称	时间
周恩呈	《能打胜仗目标下的军营文化建设》	2014 年
马常亮	《论新时期我军军营文化软实力的提升》	2011 年
谢红军	《新时期中国军营文化的概念内涵及价值探析》	2008 年
董婷婷	《新时期我军军营文化建设研究》	2007 年
朱桦昕	《论新时期军营文化建设》	2004 年

由于现有研究成果数量巨大，梳理分析后发现多数研究的主要观点基本上都包含于以上专题著作或论文中，故这里只选择了影响因子较强和下载次数靠前的代表性成果，其他不一一做详细列序。

三、主要观点

对以上列出的主要代表成果进行梳理分析：

颜旭、任军在专著《先进军事文化论》中提出军营文化是军事文化的重要组成，是一种特定群体在特定空间内所表现出来的文化形态。所谓'军营文化'特指文化在军营中长期积累下来的精神与物质成果，是包括团队精神、军人的价值观念、军人的行为准则、军人的道德规范、营规、营容、营貌、军事人员培养使用、官兵文体娱乐活动等在内的有机整体。

安徽大学朱烨昕 2004 年在硕士论文《论新时代军营文化建设》中认为军营文化具有很强的特殊性和意识形态指向性，是一种在军事活动中形成的复合型社区文化，是军队全体成员和与军事活动有直接或间接关系的部分社会成员的共同创造，它是一个完整的文化体系，主要包括军营政治文化、军营道德文化、军营制度文化、军营环境文化、军营团队文化等方面的内容。论文主要对军营文化的功能进行了分析，尝试提出了衡量军营文化建设水平的标准，并就如何加强军营文化建设提出建议。

哈尔滨工程大学董婷婷 2007 年在硕士论文《新时期我军军营文化建设研究》中总结概括了张海赴、邵洪兴在《发挥军营文化建设在军队精神文明建设中的主体功能作用》（2000 年），时本训在《按照"三个代表"要求建设先进军营文化》（2003

年)，张海赴、孙倩在《军营文化探析》（2006 年）中分别提出的主要观点，认为军营文化是社会文化的缩影，是社会文化系统中的一个子系统，是军队各种实践活动的折射、凝结和反射。它是在军营这个特定环境中完成各种军事任务、协调军人间关系、军人自身情感调解过程中所表现出来的风格、特征、样式，表现为军人共同遵循的价值准则，组织结构和物质实体，包括军营物质文化、军营精神文化、军营制度文化和军营行为文化。论文除了对相关概念提出个人见解外，还就军营文化建设中面临的现实困难提出了解决方案，对建设中国特色的军营文化进行了展望。

华中师范大学陈光 2007 年在硕士论文《从威武之师到文明之师—当代我军军营文化探析》中认为，军营文化是一个完整的文化体系，具有鲜明的政治性、时代性和民族性，是在军营内部形成的要求军人共同遵循的价值准则、道德规范、政治信念和发展目标，以及反映这些文化特质的规章制度、组织结构和物质实体。文中梳理了军营文化发展的历史和所表现出的基本特点，并从理论层面对军事文化和军营文化的关系进行了解读，认为两者是整体和部分的关系，军营文化在军事文化的统领下发展。

华中师范大学谢红军 2008 年在《新时期中国军营文化的概念内涵及价值探析》中认为，军营文化就是我军在长期的历史发展过程中，军人的对象化活动所凝结成的相对稳定的思维方式、行为方式和生活方式的总和。它即包括在军营内部形成的要求军人共同遵循的价值准则、道德规范和政治信念，又包括反映这些文化特质的规章制度、组织结构和物质实体。从理论深度来看本文具有独到见地，对文化、军营文化等核心概念的认识角度科学、务实，相对于其他论文具有更强借鉴意义。

国防科技大学马常亮 2011 年在硕士论文《论新时期我军军营文化软实力的提升》中认为我军军营文化是中国特色社会主义先进文化的组成部分，以马列主义、毛泽东思想和中国特色社会主义理论体系为指导，是我军官兵的文化素质、理想信念、价值追求、道德情操以及军队的军规礼仪、行为准则、生活方式、和人文环境的总和。文中采用"军营 + 文化软实力"的结构展开论述，将军营文化视为提高部队战力的软实力，从功能性出发提出军营文化软实力由凝聚力、鼓舞力、约束力、感染力、威慑力、创新力所构成。

江西师范大学汪靖 2013 年在硕士论文《论红军军营文化》中认为军营文化是时代的产物,表现出鲜明的族群性特征,应该包括军队内部的物质创造、行为方式、规章制度和价值理念等等。军营文化蕴含着明确的指向性,为军队这一暴力工具确立战斗目标和保证战力。并在内容上将军营文化分为物质文化、政治文化、制度文化、精神文化和功能文化。论文一半篇幅用在了相关概念的解释上,并就红军时期军营文化的基本情况进行了简单介绍。

哈尔滨理工大学周恩呈 2014 年在硕士论文《能打胜仗目标下的军营文化建设》中认为,军营文化是指产生和积累在军营中的,军队内部多种精神与物质因素的有机整体,是长期军事实践中所形成的一整套影响军队发展方向、增强军队战斗力、内部凝聚力的意识形态以及与之相适应的制度、机构和设施。实质上是军营特有的精神风貌、政治信仰、道德品质、传统作风、价值观念、娱乐活动等的总和。其包含的要素有军人团体精神、军人行为准则、军人服务精神、军人价值观念、军人道德规范、营规、营容、营貌、军事用人制度、官兵文化娱乐活动等。文中谈到了军营文化建设的由来、发展、变化和最终目标,按照目标需求总结出军营文化导向、凝聚、塑造、规范、激励五个方面功能,从时间上对我军在建国以前、建国初期到改革开放之前、改革开放至今三个时期的军营文化建设情况进行论述,并结合"能打胜仗"要求提出了军营文化建设应遵循的原则。

综上。关于军营文化概念的主流观点。有学者按照宏观文化的定义将军营文化定义为军营中一切物质和精神文明成果的总和,是涵盖军队所有文明成果的大文化;有的认为军营文化是军营中全部精神成果和部分物质成果的集合;有的认为军营文化是指军队精神文化方面的创造性成果,不包括物质化、实体性成果;有的简单地将军营文化视同于文化教育、文化活动;还有的认为,军营文化是以军队文学、军队艺术、军队音乐等为主的军队艺术文化。这些不同认识,主要反映了对文化本质的理解差异。关于军营文化建设的主流观点。有学者将军营文化建设理解为军队文化活动的组织实施,从活动主体、组织形式、活动客体即文体设施的保障等方面进行研究；有学者从狭义文化的概念出发认为军营文化建设主要是对官兵精神教化，包括价值观教育、思想政治教育及科学知识的教授；有学者从文化管理的角度将军营文化建设分为组织领导、活动实施、制度规范、设施保障、人才培养等方面；还有学者从文化及其载体表现形式的角度出发，将官兵的价值理念、军营制度、军营环境建设、军营中的文化活动作为研究内容；还有学者以文化分类方式为依据将精神、物质、制度和行为四个方面作为军营文化建设的内容。关于军营文化基本特征的主流观点。对于这一问题学术界虽没有完全一致的认识，但大多数成果都提到了军营文化的以下特征：时代性、政治性、战斗性、传统性、融合性、强制性、复杂性、合作性、可塑性。这些特征反映了不同学者从根本属性、生成过程、内容归属、发展态势、价值作用等方面的研究中所形成的共性认识，基本阐述清楚了军营文化的一般特征，本书就此问题不在专门赘述。关于军营文化建设路径的主流观点。不同学者就此问题提出了很多积极可行的建议，按照文化质态的不同可以归纳为以下几个方面。一是通过开展思想政治教育、文艺作品熏陶等方法加强精神文化培养，二是通过在军营中开展特定训练活动、教育活动、文体活动等行为以及通过参加抢险救灾等非军事行动，加强行为文化养成。三是不断加强各类规章法纪和习规习俗的建设，完善制度文化规范。四是遵循物质基础对上层建筑的决定性规律，不断提升军营中各类物质产品的保障水平，夯实物质文化基础。

第三节　研究目的和意义

加强军事领域的文化建设是适应中国特色社会主义文化大发展大繁荣的时代要求和打造强军文化的必然要求，对军事文化学学科建设和解决当前部队文化建设面临的深层次问题，具有重要的理论价值和现实意义。军营文化建设是世界上任何军队都要面对的现实性和基础性工作。在军队全面建设中，找准文化定位和发展方向，是从根本上决定一支军队命运的关键。把握新时代的具体特征，立足我军新的历史使命，适应军队新的体制编制，进一步深悉理清新时代军营文化建设的基本问题，是具有重要研究价值的时代课题。

一、为丰富文化建设基础理论做出贡献

"一项没有文化支撑的事业难以持续长久。"[①] 文化是当前社会科学领域中关注度很高的研究课题，各行各业都掀起了本部门文化研究的热潮，军事领域同样如此。从现有学术成果来看，关于军营文化的研究在数量上已初具规模，但有质量、有深度、系统性强的高水平理论成果还不多，大多数研究就如何加强文化建设提出建议，但形成的理论认识雷同，能够清晰反映军营文化基本问题的厚重理论底蕴还远没有形成。进入新时代，我军所处的历史条件和使命任务都发生了深刻的变化，再加上军队组织形态的重塑，军营文化建设也必然需要随之改变，其指导理论、基础理论和应用理论，都必须更加具有时代内涵、更加适应新时代特点要求。本书在研究中立足新时代历史方位，尝试从广义文化概念的视角出发，在更为宽泛的范畴尝试就新时代军营文化的本质内涵及军营文化建设的目标、结构、机理、举措等问题进行创新性阐述，用系统文化观与具体文化工作实践相结合的方法，力求能在理论层面对新时代军营文化理论进行有益补充。

二、为探索加强文化建设现实方案做出贡献

军营文化建设是集合思维活动和行为活动的实践过程。回顾历史，我军对军营文化建设一直比较重视，为世界不少国家军队所认同，在军营文化建设上积累了丰富的经验，并形成了具有我军特色的一套行之有效的模式范式。但军营文化建设不是一蹴而就的，而是一项需要根据时代发展变化而不断做出相应调整的系统工程。本书立足实现党在新时代的强军目标，建设世界一流军队的时代新要求，在已有关于军营文化建设理论成果和成功做法的基础上，尝试从新时代的特殊背景和军事人员主体的视角观察军营文化，以"人化"是文化的基础、"化人"是文化的目的，文化建设就是要实现人化与化人、外化与内化的统一为核心观点，对构成新时代军营

---

① 中共中央文献研究室.习近平关于社会主义文化建设论述摘编[M].北京:中央文献出版社,2017:1.

文化的各类要素进行系统整合，力求从实际"建设"的层面进行一些深入研究，提出一些切实可行、有所创新的建议。

三、为完善新时代军事文化学科体系做出贡献

军队政治工作学是军事学一级学科，军事文化学可以说是军队政治工作学的一个二级学科。当前，军事文化学作为新兴学科有不少需要研究的理论问题和应用问题，在学科体系建设上还有许多亟待完善的地方，特别是在理论基础方面缺少深厚的积淀，多角度、多层次的理论成果还不够丰富。军营文化作为军事文化的重要组成部分，是随着时代的发展而发展、实践的发展而发展的，对军营文化进行的相关研究本就属于军事文化学科建设的内容。本书以新时代背景下的军营文化建设作为研究对象，从理论到实践进行系统研究，不断把感性认识上升为理性认识，探索军营文化建设的特点规律，既直接对新时代提升军营文化建设水平具有重要价值，又直接对军事文化学科建设具有积极意义。

四、为打造新时代强军文化提供咨询和助推

强国必强文化、强军也必强文化。文化是一个国家和民族的灵魂，文化是一支军队保持其本质的重要基础。随着中国特色社会主义建设全面进入新时代，习近平主席对实现党在新时代的强军目标、建设世界一流军队做出战略部署。"古往今来，中华民族之所以在世界有地位、有影响，不是靠穷兵黩武，不是靠对外扩张，而是靠中华文化的强大感召力和吸引力。"[1] 实现党在新时代的强军目标、建设世界一流军队，既要靠丰富的物质硬实力，同时也离不开强大的文化软实力，归根到底是建立起与强军梦相应的新时代的强军文化。打造新时代的强军文化需要多方面的努力，其中军营文化建设是重要组成部分。军营文化对广大官兵的影响最直接、最深刻，对增强官兵文化自信和切实增强我军文化感召力、影响力具有特殊意义。本书以军营文化为直接研究对象，注重宏观与中观、微观相结合，从军营文化层面为打造新时代强军文化提供有益参考。

第四节　研究思路和方法

本书对新时代军营文化的研究依照以下思路展开。在总体结构上，分为绪论、理论基础、现实状况、实现路径、研究总述五部分（如图四）。第一部分为绪论，介绍研究现状和基本情况，确立文章的逻辑起点。第二部分为理论基础，由第一章、第二章、第三章构成，包括基本理论、指导理论、历史回顾，主要界定新时代军营文化建设相关核心概念，对其构成要素、主要特征等进行分析，为全文提供基本理论支撑；依据习近平关于中国特色社会主义文化建设的相关论述和习近平强军思想，提炼出习近平关于新时代军营文化建设的论述，明确新时代背景下，军营文化建设的根本遵循；梳理我军军营文化建设在历史上的主要做法，研究军营文化建设的历史进程，并总结相关经验。第三部分为现实状况，包括第四章、第五章，主要研究考察进入新时代后我军军营文化建设情况特别是面临的机遇和挑战，研究世界强国军队军营文化建设做法，并进行中外军队军营文化建设对比。第四部分为实现路径，包括第六章、第七章，主要结合实际从战略的高维层次和实操的低维层次提出我军军营文化建设的战略构想和建设路径，实现本书理论研究成果的实践性转化。第五部分为研究总述，对文章的主要观点和研究成果进行梳理总结。

本书在研究中坚持马克思主义原理的基本方法，以习近平新时代中国特色社会主义思想为指导，具体用到的科学方法有：一是文献研究法。在导论和第一章撰写中重点查阅马克思主义经典著作，特别是习近平新时代中国特色社会主义思想中关于文化建设、国防及军队建设的相关内容，在大量占有相关研究著作、优秀论文的基础上，从不同视角全面了解当前对军营文化建设这一主题的关注点、期望值以及现有研究成果的高度、深度、广度，为论文撰写奠定科学依据和坚实理论基础。在第三章、第四章中查找我军历史文献进行分析，运用史料梳理我军军营文化建设的发展历程。在外军军营文化建设中查找美国国防部网站、俄罗斯国防部网站相关资料，收集相关学术著作、论文、新闻报道进行分析。二是逻辑分析法。这是本书的重要研究方法，在已有研究资料基础上和科学假设的前提下，综合运用文化学、人类学、组织学、心理学、系统科学等各学科理论，通过分析推理、归纳演绎、抽象概括等方法进行定性研究和定量研究，以期为论文构建科学的理论分析架构。这一方法重点运用在第一章、第六章撰写中，对本书所构建的理论体系进行合理性说明，并对设定新时代军营文化建设发展战略目标进行了现实性和可行性阐述。三是是系统分析法。运用系统论观点分析军营文化的结构及功能特性，基于对系统要素相互间全同关系、种属关系、交叉关系、全异关系等各类联系的比较分析，力求简明、准确、充分的概括论文中核心概念的内涵和外延，并对内在机理进行探析。本书所描绘的新时代军营文化建设图景主要由精神模块、行为模块、制度模块和物质模块构成，其相互之间构成了完整的文化系统，在全文撰写中无论是各部分的说明还是

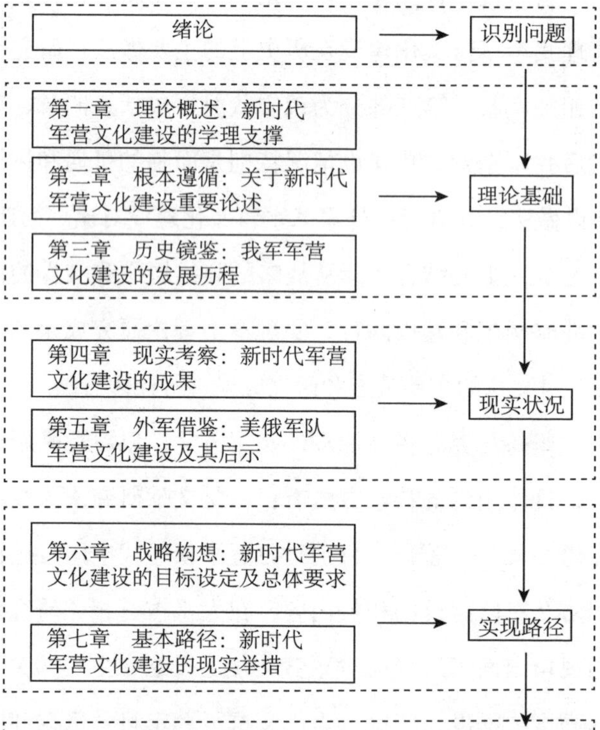

```
┌─────────────────────┐        ┌─────────┐
│        绪论          │ ────→  │ 识别问题 │
└─────────────────────┘        └─────────┘

┌───────────────────────────┐
│ 第一章  理论概述：新时代    │
│ 军营文化建设的学理支撑      │
├───────────────────────────┤   ┌─────────┐
│ 第二章  根本遵循：关于新时代│ →│ 理论基础 │
│ 军营文化建设重要论述        │   └─────────┘
├───────────────────────────┤
│ 第三章  历史镜鉴：我军军营  │
│ 文化建设的发展历程          │
└───────────────────────────┘

┌───────────────────────────┐
│ 第四章  现实考察：新时代军营│
│ 文化建设的成果              │   ┌─────────┐
├───────────────────────────┤ →│ 现实状况 │
│ 第五章  外军借鉴：美俄军队  │   └─────────┘
│ 军营文化建设及其启示        │
└───────────────────────────┘

┌───────────────────────────┐
│ 第六章  战略构想：新时代军营│
│ 文化建设的目标设定及总体要求│   ┌─────────┐
├───────────────────────────┤ →│ 实现路径 │
│ 第七章  基本路径：新时代    │   └─────────┘
│ 军营文化建设的现实举措      │
└───────────────────────────┘

┌─────────────────────┐        ┌─────────┐
│      结论与不足       │ ────→  │ 研究总述 │
└─────────────────────┘        └─────────┘
```

图四 论文结构图

对整体的阐述，始终围绕系统分析的方法进行研究。四是调查研究法。这是本书理论联系实际的重要保证，也是本书重大现实意义所在。通过现地调研、问卷调查等形式的信息收集，为评估测试提供鲜活资料和真实依据，对科学得出结论从而正确评价和指导部队文化建设具有重要价值。为了掌握当前军营文化建设的基本情况，以及官兵对新时代军营文化建设的真实想法和期望，在论文撰写中通过走访、邮件、电话、座谈、问卷等多种形式，重点对领域专家和多个基层单位开展调研活动。

第五节　研究创新点

一、用系统理论进行模块化分析

军营文化建设并不是一个新颖的课题，继续采用已有的研究思路和方法很难再有亮点和新的突破。因此，本书用大量篇幅阐述清楚对文化从本质到形式等基本问题的基础上，以新的研究设计在宏观文化概念和微观文化概念之间，选取了一个包含军营全部精神文化和部分物质文明成果的中观文化定义，运用系统理论对新时代背景下的军营文化建设进行模块式解构，分别以精神模块、行为模块、制度模块、物质模块为主轴，在纵向上进行研究并揭示其关系，力求在研究视角上能有新的贡献。从实践来看，尽管对文化进行模块划分开展研究过去也有少量实例，但将四个模块构建起完整系统运用到新时代军营文化建设的研究，则具有一定创新性。

二、对习近平相关重要论述的系统研究阐发

习近平新时代中国特色社会主义思想，特别是强军思想和习近平主席关于文化建设的重要论述，为我军军营文化建设提供了理论依据和根本遵循。立足新时代历史特征和我军使命任务，通过较为全面的梳理和总结，本书尝试对习近平主席相关论述中所蕴含的深邃的新时代军营文化建设论述进行深度挖掘和系统构建，探索性提出习近平关于新时代军营文化建设论述的一些体系化认识，为今后对此问题的系

统研究提供依据和遵循。

三、用新的思路对发展历史进行概括

当前，学术界关于我军军营文化建设历史进程的系统研究还不多，少数涉及此问题的成果也只是浅尝辄止，且较多是从思想政治教育宣传、文化创演和开展文体活动的狭义文化层面进行的。因此，对此问题进行系统梳理本身就具有一定的新意。此外，本书按照对军营文化系统结构的划分，分别从四个模块研究阐发不同时期我军军营文化建设的主要内容和基本情况，这是在我军军营文化历史研究中还不多见。

四、对中外军营文化建设情况进行对比分析

外军虽然没有"军营文化建设"的专门表述，但在实际中围绕这一主题开展了大量工作。本书重点通过对美、俄军队的分析对比，总结发现了外军在对"军营文化""文化建设"等问题上的理解认识上与我们的异同之处，提出外军开展军营文化建设刻意淡化意识形态性、格外重视通过满足官兵物质要求提升精神力等带有新意的观点，并由此提出我军值得借鉴之处。

五、对新时代加强军营文化建设提出对策建议

结合文中提出的具体问题和现实情况，就我军新时代军营文化建设的基本路径提出塑造新时代军营文化建设的创新理念、构建新时代军营文化系统建设体系、培育新时代军营文化建设人才梯队、建立新时代军营文化建设量化评估反馈模型四个方面的建议，有的建议和观点具有创新性，为新时代军营文化建设决策部署和工作实践提供了一定参考。

第一章

理论概述：新时代军营文化建设的学理支撑

研究新时代军营文化建设，首先要确立研究基础，从理论上对新时代军营文化及其相关问题进行明确的概念界定。本书所涉及的主要概念在学术界理解宽泛、认识不一，因此，更有必要将本书所涉及的基本概念进行界定和说明，在逻辑性和实践性方面对后文研究提供学理支撑。

第一节　文化和军事文化概念界定

黑格尔在《精神现象学》中指出："真正的思想和科学的洞见，只有通过概念所作的劳动才能获得。"① 可以说，对概念的准确界定是任何学术问题研究的逻辑起点和立论基础。军营文化建设研究立足于文化研究和军事文化研究的基础之上。因此，有必要基于诸多学者有关文化和军事文化概念的多种理解，对这两个重要概念有一个明确的界定。

一、文化

关于文化，学术界并没有一个权威、公认的定论，也没有一套通用的研究方法。许多学者根据研究目的的不同，通过多样化的研究方法从不同视角就文化的概念提出了多种见解。从当前的观点数量和内容来看，文化在整个社会领域呈现出强大的整合力，几乎涵盖了人类生活方方面面的内容，表现出复杂和无所不在的特点。

通过搜索，最容易找到的关于文化的定义是"文化是相对于政治、经济而言的

---

① [德] 黑格尔. 精神现象学（上卷）[M]. 贺麟，王玖兴译. 北京：商务印书馆，1979:48.

人类全部精神活动及其活动产品。"① 这个定义太过宽泛，在学术界几乎不以此概念作为研究依据。从词源上考察，文化在中国最早出现于战国末年的《易.贲卦.象传》，"关乎天文，以察时变，关乎人文，以化成天下"。意思是说观察天道运行规律以认知时节的变化，注重人事伦理道德，用教化推广于天下。这与我们今天普遍意义上的文化明显不同。在西方语言中，文化可追溯到拉丁语的"cultura"，原意为神明崇拜、土地耕作、动植物培养及精神修养等。由"cultura"演变而来的英语单词"culture"又有了新的含义，名词指文化、文明、修养、栽培，动词指使有教养、培养。

现代意义上的文化概念是泰勒在 1871 年的《原始文化》一书中首次提出，他认为"文化，或文明，就其广泛的民族学意义来说，是包括全部的知识、信仰、艺术、道德、法律、风俗以及作为社会成员的人所掌握和接受的任何其他的才能和习惯的复合体。"② 1952 年 A.L 克鲁伯和克莱德.克拉克洪发表的《文化——关于概念和定义的评论》一文中列举了 161 中关于文化的定义，并分类为描述性的定义、历史性的定义、规范性的定义、心理性的定义、结构性的定义和遗传性的定义。经过思考分析，他提出："文化，由外显的和内隐的行为模式构成；这种行为模式通过象征符号而获致和传递；文化代表了人类群体的显著成就，包括它们在人造器物中的体现；文化的核心部分是传统（即历史地获得和选择的）观念，尤其是他们所带来的价值；文化体系一方面可以看作是活动的产物，另一方面则是进一步活动的决定因素。"③

我国的《辞海》中对文化的定义是："从广义来说，指人类社会历史实践过程中所创造的物质财富和精神财富的总和。从狭义来说，指社会的意识形态，以及与之相适应的制度和组织机构。文化是一种历史现象，每一社会都有与其相适应的文化，并随着社会物质生产的发展而发展。作为意识形态的文化，是一定社会的政治和经济的反映，又给予巨大影响和作用于一定社会的政治和经济。在阶级社会中，它具

---

① 文化 .http://baike.baidu.com/item/ 文化 /23624?fr=Aladdin.2018.

② 爱德华.泰勒.原始文化 [M].上海：上海文艺出版社，1992:1.

③ 陈华文.文化学概论 [M].北京：首都经济贸易大学出版社，2016:8.

有阶级性。随着民族的产生和发展，文化具有民族性，通过民族形式的发展，形成民族的传统。文化的发展具有历史连续性，社会物质生产发展的历史连续性是文化发展历史连续性的基础。"[①] 国内学术界对文化的见解十分丰富，也更加具有个性化色彩。有学者认为"文化，就是吾人生活所依靠之一切。……文化之本义，应在经济、政治，乃至一切无所不包。"[②] 也有学者认为"凡人类（具体点说，是各民族、各部落及至于各氏族）在经营社会生活过程中，为了生存或发展的需要，人为地创造、传承和享用的东西，大都属于文化范围。它既有物质的东西（如衣、食、住、行、工具及一切器物），也有精神的东西（如语言、文学、艺术、道德、哲学、宗教、风俗等），当然还有那些为取得生活物资的活动（如打猎、农耕、匠作等）和为延续人种而存在的家族结构以及其他各种社会组织。"[③] 台湾著名学者殷福生在《中国文化的展望》一书中甚至对文化提出了 46 个含义，在我们的生活中，从行为方法、思维特征、情感方式、价值取向、审美情趣、心理素质等能想到的一切，几乎都包含于文化中。

可以说，文化是一个又简单，又最不易说清楚的概念，文化的内涵丰富广泛、涉及的层次多、内容杂，虚实兼容，不同的学者从各自的研究需要出发对文化进行了多种多样的解析和界定，文化几乎统领了人类活动的"一切"。但无论它多么难以把握，许多学者从立足现实、解决实际问题的角度出发，已经就文化的概念形成了一些一般性的共识。总结梳理当前学术界的研究成果，可以归纳为以下六种主要观点。

主体性描述。这类定义强调人在文化的生产、发展、演变及一系列活动中的特殊性和超然性，认为文化因人而生，其本质在于满足人的需要，离开了人这一主体而孤立的谈文化则失去了现实意义。此类认识的主要观点包括：康德在《判断力批判》中提出"在一个有理性的存在者里面，产生一种达到任何自行抉择的目的的能力，从而也就是产生一种使一个存在者自由地抉择其目的之能力的就是文化，因之

---

① 辞海大全 .http://ciyu.cihai123.com/c/195210.html.2019.

② 梁漱溟 . 中国文化要义 [M]. 上海：学林出版社，1987:1.

③ 钟敬文 . 关于文化建设问题的一点意见 [J]. 东西方文化研究，1987（1）:11.

我们关于人类有理由来以之归于自然的最终的目的只能是文化"①;1973 年出版的《苏联大百科全书（第 3 版）》中提出"文化概念最初是指人对自然的有目的的影响，以及人本身的培养和训练。培养不仅包括培养人们遵守现有准则和习惯的能力，而且包括鼓励他们遵守这些准则和习惯的愿望，使他们相信文化能够满足人的全部要求和需要。任何社会化的文化都包含这两层意思。"②

　　内容性描述。这类定义是基于人们对文化的感受和理性认识而对其具体内容进行罗列，用狭义的理解对文化进行定点定位。这种认识文化的方法其优点在于指向明确，能够形象直观的呈现哪些现象或活动属于文化，让人一目了然。不足是这种方法虽然抓住了文化某些质的内容和特征，但也造成了随着人认识的深入和社会新事物的产生，可以将文化进行无限添加的问题，没有从根本上说清文化的本质，在理解的层面上可以说是知其然而不知其所以然。这类认识的主要观点有：被称为"人类学之父"的泰勒 1871 年在其《原始文化》一书中提出"文化，或文明，就其广泛的民族学意义来说，是包括全部的知识、信仰、艺术、道德、法律、风俗以及作为社会成员的人所掌握和接受的任何其他的才能和习惯的复合体"③;我国著名学者梁漱溟认为所谓文化，"不过是一个民族生活的种种方面。总括起来不外乎三个方面；精神生活方面，如宗教、哲学、艺术等。社会生活方面，如社会组织、伦理习惯、政治制度及经济关系等。物质生活方面，如饮食起居种种享用，人类对于自然界求生存的各种即是。"④

　　结构性描述。这类定义认为文化是一个系统性的有机整体，可以进行模块化分解，表现出不同的职能，每一个具体内容都是一个特殊结构构成的体系，共同构成文化整体。这种方法便于人们对文化分析和理解，在现实研究中被普遍采用。其主要观点包括：郭齐勇在《文化学概论》中提到"文化不是简单、孤立的诸要素杂乱无章的堆砌物，研究文化需要从复杂的、千姿百态、盘根错节的现象形态中把握其

---

① 康德 . 判断力批判（下卷）[M]. 韦卓民译 . 北京：商务印书馆，1985:95.
② 中共中央党校科学社会主义教研室编译 . 文明和文化 [M]. 北京：求实出版社，1982:45.
③ 爱德华 . 泰勒 . 原始文化 [M]. 上海：上海文艺出版社，1992:1.
④ 转引自陈华文 . 文化学概论新编 [M]. 北京：首都经济贸易大学出版社，2016:6.

内在的统一性和结构、层次关系"①，即将文化作为一个系统进行研究；美国社会学家T．帕森斯把"文化体系本身看作是复合的、内部有所区别的体系。按照任何一种行为体系的四个根本职能划分的变化表，我们相应地在四个范围内（提供知识的象征、道德评价、表情象征和制度性象征）对它进行分析"②；我国学者张岱年认为"所谓文化，包含哲学、宗教、科学、技术、文学、艺术以及社会心理、民间风俗等等。在这中间，又可分为三个层次。社会心理、民间风俗属于最低层次；哲学宗教属于最高层次；科学技术、文学艺术属于中间层次。"③

目的性描述。这类定义认为文化的产生在于满足人类的特定需要，文化所表现出的功能、形式等具有明确的目的性，强调在研究中以结果为导向审视文化的创灭演化。其主要观点有：美国的文化人类学家 S．南达认为"文化作为理想规范、意义、期待等构成的完整体系，既对实际行为按既定方向加以引导，又对明显违背理想规范的行为进行惩罚，从而遏制了人类行为像无政府主义倾向发展"④；孙中山认为"文化是人类为了适应生存要求和生活需要所产生的一切生活方式的综合和他的表现。"⑤

价值性描述。这类定义注重从人类需求出发研究文化的意义和所体现的成就，认为文化之所以被创造出来，都是基于某种价值或有用性，文化的作用和影响范围受一定环境的限制。虽然从价值目的出发不能解释全部的文化现象，但在一定程度上反映了文化本质的意义所在。其主要观点包括李．凯尔特在《文化科学和自然科学》中提出的"价值是文化对象所固有的……如果把价值和文化对象分开，那么文化对象也就会因此而变成纯粹的自然了"，"不仅应该从价值的观点，而且应当从对文化现象做出评价的那些具有心理的人的观点去考察文化现象"⑥；英国功能学派代表

---

① 郭齐勇．文化学概论 [M].武汉：武汉大学出版社，2014:11.
② 转引自陈华文．文化学概论新编 [M].北京：首都经济贸易大学出版社，2016:6.
③ 张岱年．文化体用简析 [J].https://wenku.baidu.com/view/d3b92e49effdc8d376eeaeaad1f34693dbef1049.html.2019
④ 南达．文化人类学 [M].陕西：陕西人民教育出版社，1987:46.
⑤ 转引自陈华文．文化学概论新编 [M].北京：首都经济贸易大学出版社，2016:7.
⑥ ［德］李凯尔特．文化科学和自然科学 [M].涂纪亮译．北京：商务印书馆，1986:21、25.

人物马力诺夫斯基认为，文化是"一个满足人的要求的过程，为应付该环境中面临的具体、特殊的课题，而把自己置于一个更好的位置上的工具性装置。"①

历史性描述。这类定义认为文化是通过不断积累富集而成的，新的文化源于过去的历史中所形成的观念习惯和行为方式，历史的连续性是文化生成的必要条件。强调要随着历史的发展在时空上继承的认识文化，认为要认清现实文化需要回到历史中探寻其过去的形态和特点。其主要观点有：1973 年出版的《苏联大百科全书（第3 版）》中定义的文化"是社会和人在历史上一定的发展水平，它表现为人们进行生活和活动的种种类型和形式，以及人们所创造的物质财富和精神财富。文化这个概念用来表明一定的历史时代，社会经济形态，具体社会，氏族和民族的物质和精神的发展水平（如古代文化、社会主义文化、玛雅文化）。以及专门的活动或生活领域（劳动文化、艺术文化、生活文化）。'文化'这个术语从较狭义的意义来看，仅指人们的精神生活领域"②；美国社会学家福尔森认为"文化是一切人工产物的总和，包括一切由人类发明并由人类传递后代的器物的全部，及生活的习惯"③；日本文化学家祖父江孝男认为"文化就是'由后天被造成的，成为群体成员之间共同具有且被保持下来的行为方式（也可以叫模式）'。"④

本书的研究重点是文化建设，主要研究从"建设"出发如何解决好"建什么"和"怎么建"的问题。基于这一实际，综合分析以上观点，本书对文化的理解基于以下原则：

一是采纳主体性描述的有关认识。坚持以人作为主体，按照马克思主义原理的认识，人从必然王国走向自由王国，实现自由而全面的发展是共产主义演进的历史方向。其中人将变成什么样的人是文化塑人的核心目标，脱离了人就不存在我们所要讨论的现代意义的文化，通过对历史发展的探析，在"人创文化"和"文以化人"的动态过程中研究人的行为变化，从而认清文化的本质意义和特殊作用。

---

① 转引自陈华文. 文化学概论新编 [M]. 北京：首都经济贸易大学出版社，2016:6.
② 转引自陈华文. 文化学概论新编 [M]. 北京：首都经济贸易大学出版社，2016:6.
③ 帕米尔书店编辑部编. 文化建设与西化问题讨论集（下集）[M]. 帕米尔书店.1980:415.
④ 祖父江孝男. 简明文化人类学 [M]. 季红真译. 北京：作家出版社，1987:37.

二是采纳结构性描述的有关认识。认同文化是融入社会生活方方面面中的这一观点，进而将文化视为系统，其价值在于对人实现预期的影响，并通过描述现象和社会反推性分析对文化进行分类和概括，从而认清其结构和内生机理、规律。

三是采纳历史性描述与价值性描述相统一的有关认识。虽然文化有强大的包含力，但并不是所有事物都能称之为文化。文化源于自然，又区别与自然。石头不是文化，做成石斧才是文化；野生麦子不是文化，人工种植并形成的栽培技术才是文化；日食不是文化，被赋予神话寓意才是文化。总之，文化是人类在观察和改造自然的过程中不断获取经验并变为习惯代代传承而来的，是人类在创造的过程中不断走向文明的历史过程。所以可以说，一般的自然物不是文化，但满足了人类需要、寄托了人类感情、打上了人类生产烙印的自然物便具备了文化性，属于文化的范畴。

实事求是地讲，无论从任何角度希望对文化进行准确的定义都是一件十分困难的事，如果苛求全面又会使概念的体量过于庞大，失去了定义的意义。从本书的研究目的出发，对于文化建设这项具有很强实践性的活动来说，硬要以一个特定概念作为依据难免会在内容和边界上造成很大的狭隘性和局限性。因此，本书在综合分析现有研究成果的基础上，摘取其中既能反映文化本质、又具有较强操作性的观点，尝试将文化既视作一个概念，又视作一个由"整体—结构—要素—功能"构成的系统。该系统的目的在于整合大文化观中包含的抽象内容和具象内容（范围上的广义文化），并按照类别将各类文化都具有的共性要素进行系统性分类（内容上的狭义文化），从而更加直观地反映文化的本质并更清晰的把握文化建设的实践着力点，是一种综合认识论和方法论两方面意义的全新探索。经过深入思考，本书将文化理解为：

文化是人类在社会活动中为满足特定需求创造出的由反映人的存在形式和在此过程中改造形成的生存环境共同构成的有机系统，通过系统内各组成要素的协同作用对人类主体及人类活动产生影响。

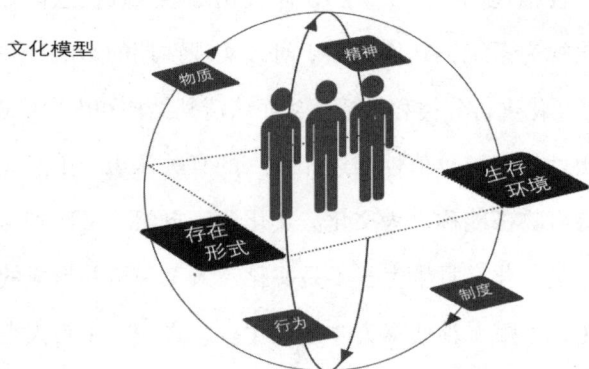

图1-1　文化模型

对文化进行如上界定主要有以下考虑。

反映文化的本质，突出普遍适用性。上述认识目的不在于做出概念概括，而是希望从一般意义上将文化构建成具有特定结构和内容的模型，使其适用于普遍的文化研究，其优点表现为稳定性和一般适用性。为了便于理解，我们可以将这个模型视为一栋毛坯建筑物，不同类型的文化看成装修后的建筑。毛坯建筑物只是搭起了"四梁八柱"，本身只有文化的基本属性，不具备特定组织和环境条件下的特殊职能，而根据不同的装修将其变成为医院、学校、警察局等时，这栋建筑物则具备了不同的职能。本书所要构建的文化模型和各类文化可以照此关系进行理解，不同类型文化之间的差别仅在于具体内容及各要素排列组合之间的不同，即上面提到的"装修"不同，而在基本形式和结构上并无差异。这种形象化的理解可以更加直观地反映文化的深层本质，有利于从宏观到微观的全维度上对文化进行体系规范，在统一的基础上对不同文化进行差别研究，对有针对性的建设文化具有重要理论意义和现实意义。

人是文化的主体，文化因人而生，又对人进行塑模。文化是人所创造的产物，在其产生、发展、累积、传承、变化的全过程中都离不开人，文化的一切物质和非物质成果都服务于人，没有人即无文化。文化不断对人的思维施加影响，使人在行动上遵从文化，但这种遵从只是表面的，实质上不是文化控制人的行为，而是人的需要和选择决定着文化的存亡。一种文化无论其先进或者落后，能够适应和满足特定群体需要时，便具有了成长和发展的土壤。而当其无法适应需求或者不再被需要时，并失去了存在的根基。文化存在与否的选择权在人手里，而不在于文化本身。所以说，人是文化绝对的、唯一的主体。同时，人又是文化的产物，自一出生就处于既存的文化空间之中，被特定的存在形式和生存环境进行塑模，形成具有社会普遍性的"类存在"。所以在与人的关系上，文化又表现出先天的强势性，相对于人这个自由主体，在理解上可以一定程度的视文化为人格化的限制性主体，文化既是人类的产物，反过来又塑造着人。对于文化建设的研究来说，关键在于把握'人'这个主体，文化的价值在于对人行为的影响，并从精神、行为、环境、物质四个方面得以实现。

　　文化是一个具有特定结构和功能的有机系统。系统是诸多要素按照不同层次和相互关系组成的具有动态性的整体结构，文化对人的影响是由诸多要素综合施力实现的，其表现形式与系统理论高度契合，将文化视为系统意在对构成文化的具体内容进行物理化的分类和建构，真实反映文化的机制机理。文化本身具有强大的覆盖性和整合性，确立概念边界和研究方法对保持清晰的研究思路具有重要意义。将文化视为用以表现人的存在形式和生存环境的有机系统，是本书的理论创新和核心观点。文化对人的影响是全方面、多维度、深层次的，仅仅从单一思维、单个行为、单向关系上无法反映文化运行的真实机理和整体功能。因此，研究文化应当从整体上全面地认识和把握，把文化作为一个有机系统来定位研究。文化系统所反映的主体的存在形式和生存环境可以按照属性、功能等进行模块化划分，各模块之间具有独立性，但作为整个系统的部分或某个环节与整体不可分割。总之，视文化为系统进行量化分析，可以帮助更加清晰地从结构、内容和机理上对文化进行认识，在实践层面上具有重大意义。在文化系统内部，各模块之间都不是孤立存在的，而是融会贯通形成一个相互影响相互制约的复杂有机整体，任何一个模块出现问题或过于突出，都会对文化的整体效益造成影响，只有注重统筹协调，把各模块的价值科学整合，使各部分相得益彰，才能实现文化"整体上"的最优表现。从建设的角度看，建设文化是为生成文化而进行的综合性实践活动，有些与文化本身直接相关，有些则间接相关。将文化作为一个系统，将文化建设视为对系统的建设，可以有效地将不同相关度的内容有针对性的囊括其中，更加具有结果导向性。

"存在形式"和"生存环境"的具体所指。综合马克思主义哲学、人类文化学和社会学理论来看："存在形式"是对人的本质的一种现实化和对象化，指人在生命活动中表现出的精神和行为的"样子"，主要包括人的思想活动、行为活动、个体与"外物"交往关系三个方面的内容；"生存环境"是指在社会生活中直接或间接影响人类活动的各种精神产品和物质产品的集合，这里特指人类在社会活动中创造的经人工生产和改造而成的制度体系和物质对象。从研究实际出发，反映主体"存在形式"的个体和"外物"的交往关系，与反映主体"生存环境"的制度体系具有极强的内部关联性，分割研究会增加不必要的论述难度，所以在本书的设计上将"存在形式"划分为精神模块和行为模块，将"生存环境"划分为制度模块和物质模块，四个模块之间彼此独立又相互联系，共同构成文化系统的基本结构。这种划分符合目前学术界对文化研究的主流思想。

就各模块的具体内容而言：

精神模块主要由价值观念、理想信念、思维方式、知识体系构成，属于文化的"软要素"。精神，一般指人的意识、思维活动和心理状态，是在长期生活实践中对真理和事实认识的综合产物。文化行为是人有意识的自为活动，从发生学的角度看，文化的产生首先源于头脑中精神层面的某种目的性认识，接着是由此产生的实践活动，再以精神或物质文明成果的形式固定下来，最终完成文化的确立。因此可以说，精神模块是文化系统中的活的灵魂，它不仅是系统的组成部分，更是具有独立性的完整闭合模块，是整个文化系统运行的逻辑起点。精神模块是文化系统的核心，一旦形成固定下来，便会顽固的统御人的价值取向和行为方式，在文化建设中实现精神层面的控制，就是从根本上把握了文化的灵魂。

行为模块按照马克思主义关于社会实践的观点主要由社会生产活动、调整社会关系活动、科学实验活动构成，属于文化的"活要素"。行为，或者说实践是文化生成的基源，没有长期的行为积淀，就不会有文化的出现。但不是说所有的行为都能够形成文化，只有那些在人的主观意识支配下，理智的按照某种规范进行，并逐渐形成了一致性的社会心理、思维方式和风俗习惯的活动，才能构成文化建设中行为模块的内容。行为受价值观的影响和制约，反过来通过实践对价值观施加影响，引起改变，对行为模块进行建设的重要意义，在于通过强化特定行为实现对特定价值观念的巩固和强化。

制度模块包括规范社会中各类关系的内容，从主体视角来看主要反映个体间关系、个体与群体间关系、个体与物质对象间关系，在形式上主要表现为生活习规和法律制度，属于文化的"法要素"。关系，一般指事物之间相互作用、相互影响的状态。从文化系统来看，制度模块反映着主客体之间的联系，与精神模块、行为模块和物质模块紧密相关，属于精神的产物、行为的准则和物质的工具，是文化系统内各模块间的桥梁和纽带。关系受到人的精神因素的支配，当这些精神因素成为集体共识和共同行为时，必然会形成得到普遍遵循的一般规律和原则标准，这些规律和原则就是我们指的习俗、规则、法律、制度等。任何关系转变为制度都是人类历史经验的总结并经过去伪存真、由表及里的升华，是一种介于抽象的精神和形象的物质之间的物化了的精神产品。

物质模块由具有文化性的器物对象构成，主要包括保障生存发展类物质、提升素质能力类物质，调适身心状态类物质，属于文化的"硬要素"。物质，哲学上指不依赖于意识而又能为人的意识所反映的客观实在。本书中将物质理解为人类活动中经过改造或创造的一切实物，而物质模块所涉及的范围更窄，仅指与人发生效益关系的那一部分物质载体。物质是人的创造物，随着生产力发展水平的发展而变化，同时一定的物质条件又影响和制约着人的行为，从而对人的价值观念及思维方式产生影响。物质模块由简单向复杂、由单一到丰富的发展过程，也反映着文化由低级向高级、由落后到先进的发展过程。正如马克思主义理论所揭示的那样："历史的每一阶段都遇到一定的物质结果，……一方面这些生产力、资金和环境为新的一代所改变，但另一方面，他们也预先规定新的一代本身的生活条件，使它得到一定的发展和具有特殊的性质。"①

二、军事文化

一般来说，世界范围内公认的对军事文化的研究始于二十世纪四五十年代，英国军事理论家富勒的《西方军事史》，被认为是第一部带有军事文化研究色彩的著作。同文化一样，目前关于军事文化的认识在学术界也没有形成共识，不同学者对这一概念做出了多种解释，通过相关文献的搜集梳理，其主流观点包括：

解放军报 2002 年 9 月 17 日刊登的《"中国先进军事文化理论研讨会"综述》中提到作为一门新兴学科，需要给军事文化赋予科学的概念，关于军事文化的几种观点有：一是认为军事文化属观念形态范畴，主要表现为价值观念和认知体系，与军队精神文明建设属于同位概念。二是认为军事文化是军事文明一切成果的总称，包括观念文化、制度文化、行为文化和器物文化等方面。并提出军事文化作为一个复杂的体系，研究初期不宜将军事文化概念界定地过于狭窄，而应当以精神文化形态为核心，从理论文化形态、制度文化形态、行为文化形态、科技文化形态和艺术文化形态等方面入手，构建军事文化的框架。

徐长安在专著《军事文化学》中提出"军事文化是社会文化的一部分，是人们在军事实践中所形成的军事创新能力、军事活动方式以及创造的精神成果（包括武器装备等物质成果中的精神因素）"，并在 2003 年第 2 期《军事历史研究》中《关于军事文化学几个基本问题的思考》一文中分析了军事文化所包含的内容：按照形态分，有军事观念文化、军事制度文化、军事行为文化、军事语言文化等；按照学科分，有军事思想、军事哲学、军事政治学、军事经济学、军事价值学、军事思维学、战略学、战术学、军队建设学、军事教育学、军队政治工作学、军事社会学、军事法学、军事医学、军事技术学、军事历史、军事地理、军事文艺、军事人才学、军事伦理学、军事心理学等；按照阶级属性分，有地主阶级军事文化、资产阶级军事文化、无产阶级军事文化（马克思主义军事文化）等；按照地域分，有中国军事文

---

① 马克思恩格斯选集（第 1 卷）[M]. 北京：人民出版社，1995:92.

化、西方军事文化、印度军事文化、日本军事文化等；按照社区分，有军营文化、军校文化、军事社区文化等；按照时代分，有传统军事文化、古代军事文化、近代军事文化、现代军事文化等。

肖冬松 2016 年在专著《军事文化及其建设研究散论》中认为，军事文化是人们在军事实践中创造地并作用于军事实践的精神成果的总和，是由军事知识、战争哲学、建军治军思想、作战理论和战略战术原则、军事伦理、军事艺术等要素构建的完整统一的精神世界。其内容包括五个方面：一是指导和影响军事活动的哲学社会科学特别是政治思想，这是理论基础和思想灵魂，从根本上决定军事文化的性质和方向；二是军事理论，主要包括军事战争理论、作战理论和建军治军理论，这是军事文化的主体；三是军事伦理，包括军人价值观、军人职业道德、军人政治立场等，这是军事文化的核心；四是军事艺术，包括军事文学作品、影视作品、戏曲杂技、绘画书法等，这是军事文化的重要表现；五是军事知识，主要包括与军事活动紧密相关的各种科技知识，如军事信息知识、军事装备维护知识、军事医学知识等，这是军事文化的重要方面。

刘志富 2010 年出版专著《当代中国军事文化发展论纲》，其中提出军事文化是指一切同军队和战争有关的文化体系，从内容上看，它包括军事思想文化、军事战略文化、军事谋略文化、军事道德文化、军事科技文化、军事制度文化、军营文体文化等，以物质形态、行为形态、精神形态综合展现出来。

万功民 2009 年出版专著《军事文化学概论》，在书中认为可以从三个方面认识军事文化。一是军事物质文化，包括武器、装备、工程设施中所体现的科学技术、价值观念、艺术水平；军事文化教育物质设施；军事物质生活条件。二是军事制度文化，包括军制、军事法规、条令条例及具体规章制度，军人行为方式和军队中人际关系的融洽、协调或冲突。三是军事精神文化，包括军事科技文化，指军人的科学文化知识、技能水平及科技观念；军事活动文化，指军队中的政治、经济、科技、艺术、文化、体育、卫生、娱乐等活动；军事观念文化，包括军事价值观、理想信念、精神风貌、伦理道德、心理性格等。

张明庆在专著《军事社会学》中提出军事文化是人们在军事实践中创造的精神成果的总和，主要包括军事理论、军事规范、军人价值观念、军人作风、军人生活习惯、军事文学艺术以及军事装备中的科学技术因素。军事文化与军事实践有着十分密切的关系，它产生于军事实践并指导和服务于军事实践；军事文化主要体现为观念形态的文化，属于精神领域；军事文化是军队全体成员和与军事活动有直接或间接关系的部分社会成员的共同创造。

武汉大学李有云 2005 年在硕士论文《论当代中国先进军事文化的创新与发展》中认为，军事文化是指在军事领域中建立起来的以军队建设为中心、以官兵为对象的观念形态体系，主要包括：军事观念、军事制度和组织、军事成员的理想信念、伦理道德、生活方式、军事科学、军事教育、军事文学、军事艺术、军事法律，以及军人约定俗成的职业习惯和作为军事成员通过学习获得的能力，是军事整体实践地能动反映。

蔡永宁 2012 年在《海军工程大学学报》（综合版）第 9 卷第 3 期发表的文章《关于军事文化含义、类别及性质思考》中提出，军事文化是关于"反映战争和军事实践现实、过去和未来与塑造军事实践主体应有精神的以思想理论和文学艺术为主要表现形式的精神活动及其产品"。[①]

曹志刚在 2012 年西安政治学院学报第 3 期发表的文章《"军事文化"概念刍议》认为军事文化不仅是人们在军事实践中创造并发展的军事物质成果与军事精神成果的总和，也是军队及军事人员所特有的思维方式与行为方式，它是精神、物质、制度和行为四种形态构成的促进战斗力生成的体系。军事文化是军事活动的环境和条件，对于军队与军事人员的思维、思想和行为具有深层次的机理作用。

颜旭和任军在《先进军事文化论》一书中总结到，有些学者认为，所谓军事文化，是由一定社会的政治经济决定并反映特定的军队、军人和军事活动的思想、观念以及由这一思想观念物化成的环境、器物、制度和行为的总称。军事文化是一种特殊的群体文化，它由军事物化文化、军事精神文化和军事行为文化共同构成。军

---

① 蔡永宁.关于军事文化含义、类别及性质思考 [J].海军工程大学学报（综合版），2012, 9（03）:65–67.

事物化文化，是指军队、军人及军事活动赖以存在和发展的物质基础和物质成果。它包括军队的营房、阵地、武器等军用设施，是军队精神和观念的物化表征。军事精神文化，直接反映军队、军人及军事活动的观念形态的过程及其成果的总和。它包括建军指导思想和方针、原则；军人的思想道德和价值观念；军事理论和战法原则；军事科学技术和军事教育等等。军事精神文化是整个军事文化的灵魂和核心。军事行为文化，是指作为军队和军事活动主体的军人的行为准则、活动方式以及规章制度、管理模式等。它包括军队的各种条令条例以及制度和纪律，包括军人的军容形象和行为礼仪。

此外，在一些学术论文和报纸期刊中还能看到有的学者把军事文化概括为"围绕军事、关于军事的文化"。认为"军事文化是与人类军事活动相关联的那些特殊的思想观念、现象和事实"，不同的民族和国家受经济状况、社会制度、文化传统、地理环境等因素的影响，所形成的军事文化内容颇有差异。不同的历史时期，一个国家或民族前后的军事文化也可能发生较大的变化，但历史传统的连续性，通常会在一个相当长的时期内制约着一个国家或民族军事文化的基本倾向，使其保持相对稳定的特征，反过来对人们现实的军事活动产生潜移默化的影响。有的学者则从分类的角度来定义军事文化，认为军事文化可以分为战争文化、战备文化、军队文化、军事思想等，从广义上讲，军事文化甚至包括军事文学、战争文学等，因为以战争为主题的文学作品，尽管有艺术虚构的情节，但从本质上讲还是现实战争或过去战争的文化反映。另有一些学者则侧重于从精神成果层面来定义军事文化，认为军事文化是指文化在军队建设和发展中长期积累下来的精神与物质，主要包括意识形态、价值观念、优良传统、道德规范、军事科学、军事教育、文化艺术等。

上述观点从广义、狭义的不同层面对军事文化进行了定义，以不同视角反映了对军事文化的认识。综合上述观点可以看出，军事文化属于社会文化的一部分，与社会文化形成部分与整体的关系。梳理提炼现有研究成果对军事文化的理解，按照上文构建的"文化"研究的办法，本书将军事文化理解为：

军事文化是指人类在社会军事活动中形成的精神成果、行为方式、制度规范和物质载体的有机系统。

这一认识从上文所构建的文化研究系统模型出发而得出，将军事活动从"存在形式"和"生存环境"两个方面进行理解，并解析为精神成果、行为方式、制度规范和物质载体，而没有过多地进行表述性定义，以保证本书研究逻辑和思路的一致性、连续性。对于军事文化而言，在理解上基本可以依照上文对文化分析阐释的思路和所构建的模型来进行演绎性理解。军事文化本质上是一种被赋予了军事属性的社会大众文化，其普遍主体是全部社会成员，核心主体是军队人员。作为社会文化的重要组成部分，军事文化是社会文化在军事领域中的特殊表现，从参与主体和影响范围来看，是以全部社会成员为主体的国家层面上全域性的特定文化，其影响力不仅限于军队和相关部门之内，而是投射到全社会各领域之中。军事文化并不是军队人员或密切相关人员的专属文化，全体社会成员在特定的阶段、时间和地点都直接或间接地参与到军事活动中，从而成为军事文化的主体。如抗战时期的人民战争、当前的军民融合战略和围绕"让军人成为全社会尊崇的职业"所开展的一系列措施，都是需要全体社会成员共同参与才能得以实现的军事文化建设目标。

此外，军事文化作为文化的重要组成部分，在内容结构上完全属于文化结构内容的范畴之中，按照归纳演绎的方法来看，构成军事文化系统的四个模块对应包含于文化系统的四个模块之中，两者属于部分与整体的关系，只是因为军事活动的特殊性，所以军事文化在范围上有所缩小，限定上也更明确、具体。由于军事文化和军营文化在系统内容上有高度的同质性和很多相似之处，为避免赘述，这里就不对军事文化中反映主体"存在形式"和"生存环境"的内容进行具体说明。

第二节　军营文化的内涵及结构

军营的概念不难理解，从字面认识既为"军"+"营"，指军队留驻的住所，也称兵营。作为时空限定，本书所指的军营主要基于狭义的理解，指部队长期集中活动的特定场所，但不对军兵种类别、单位类型、任务性质和编制等级进行特别限定。

从导论中对军营文化研究现状的分析可以看出，广义上的军营文化是对广义文化的演绎，视军营文化为军队人员在军营这一特定时空间中创造的精神成果和物质成果的总和；狭义上的军营文化主要指在军营中开展的文化活动及其相关工作。从我军军营文化建设的发展历史和现实来看，无论选择几乎涵盖一切的宏观视角还是选择不能反映丰富内涵的微观视角，都无法对军营文化进行准确定位。因此本书从"建设"的角度出发，以军队人员作为主体，将军营文化视为一个庞大而复杂的有机体系。它既有内在性的思想、观念、心理等内容，又有外显性的规范、风气、习惯等内容；既是一种观念形态，又物化为某种实体。军营中的教育训练和日常生活中无不蕴含着军营文化的因子，官兵的喜怒哀乐和衣食住行无不反映为军营文化形态的观照。依循上文中对文化、军事文化分析的逻辑和所构建的研究模型，对军营文化的表述如下：

军营文化主要指军队人员在军营实践中为实现特定目的而形成的精神成果、行为方式、制度规范和物质载体的有机系统。

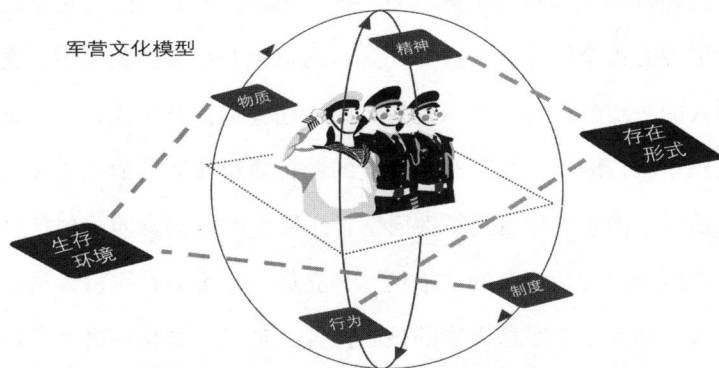

图 1-2　军营文化模型

这里将军营文化进行了一般性的普遍意义界定，将其视为军队人员在军营活动中所表现出的精神性、实践性及其物化形态的集成。依照上文中的研究模型对军营文化进行解构，军营文化的主体是军队人员，"存在形式"和"生存环境"都以军营这个特定范围进行时空限定。作为文化、军事文化之中的"下维文化"，军营文化完全包含于两者之中，三者的关系如图所示（图 1-3）。比较军事文化，军营文化各构成模块的内容范围更小也更具体。世界各国军队受各自国家社会性质、民族、军事战略目标、发展经历等诸多方面不同的影响，在军营文化的具体体现上表现出不同的内容和特点，从我军的现实情况出发，我军军营文化系统中各模块的具体构成主要包含以下内容。

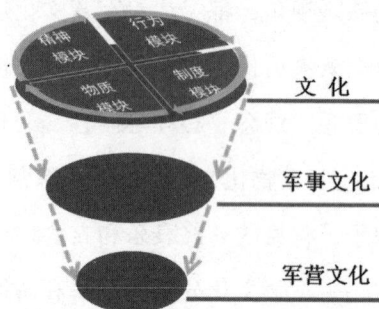

图 1-3　文化 - 军事文化 - 军营文化关系图

一、精神模块

军营文化的精神模块指行为主体意识层面的内容，一般指经过精密设计在长期的培养传承中形成的被全体军队人员共同认可的价值观念等抽象形态的文化，是军队人员存在形式的决定性内容。军队是执行政治任务的武装集团，我军是中国共产党领导下的人民军队，因此，我军军营文化的精神模块应以党的意志和要求为构成要素，主要包括以下内容：1. 由我军性质宗旨所决定的政治素质，包括马克思主义的革命理想和中国特色社会主义的政治信念、立场、态度等在军事人员心理上产生的内在品质。这一部分处于军营模块的核心位置，是我军文化的最大特色和优势所在。2. 由社会公德和军人职业道德等所影响的道德素质，包括价值标准、思维方式、伦理道德、法纪观念等构成的思想意识状态。3. 以军事活动实践需要的知识体系所决定的科学素质，包括通识性知识、军事专业知识等。政治素质、道德素质、科学素质通过相互联系、相互作用共同形成革命军人核心价值体系，共同组成军营文化中精神模块的主要内容。

二、行为模块

军营文化的行为模块是军事人员存在形式具体的运动型表现，是精神模块的生动展示，是为了实现军营文化"以文化人"目的的实践过程，在内容上主要包括：1.政治性行为。主要指为巩固和增强官兵政治信仰、政治立场、政治态度等意识形态方面的内容而进行的思想政治教育、主题教育、现地教学等活动。2.职业性行为。主要指为完成军队使命任务，对军事人员进行军事理论教育、军事技能培训或特定工作的培养训练活动，与一般的社会职业具有明显的差异。3.管理性行为。主要指为保证军营内的正规化、秩序化而进行的规范监督军队人员言行举止的活动。4.文娱性行为。主要指以增长学识为目的开展的科学知识教育和以满足军队人员的生理、心理需要而开展的相关活动，即狭义上所指的军营文化活动。

三、制度模块

制度模块反映的是军营中的人与人、人与事、人与物在产生联系时一系列强制和非强制要求的集合，是军队人员共同遵守的办事规程或行动准则，具有强烈的规范性、组织性、秩序性。从"建设"的视角看，军营中制度模块主要包括以下内容：1.根本制度。在组织运行中为处理各种内外关系所遵循的原理和原则，是一种根本性的，长期稳定的制度，一经确立后基本不再轻易改动。2.日常规范。针对军营中进行的各类活动做出的各种具体规定和要求，包括规则、准则、程序、条例等，是阶段性的，动态发展的制度，根据具体问题和实践的需要不断调整。3.体制机制。按照一定的目标，在对军营中各项原则、规定、要求进行选择、协调、调整的基础上形成的体制和机制。4.法制意识。法制意识是一种无形的精神力量，主要指以较强的自警力与无形的控制力增强官兵严守纪律的自觉意识，在更深更广的范围将强制性的纪律约束转化为根植于内心的养成和无须他人提醒的自觉。

四、物质模块

军营文化物质模块有一个比较宽泛的范围，是能够被军事人员通过感官直接接触到的实物文化，凡是军营中能对军事人员产生文化效能的客观存在，都属于物质模块的对象，但从开展"建设"的角度考虑的话，一些不具有改造意义和价值的物质载体则没有列入本书的研究范围。因此，军营文化中的物质模块主要指带有文化性质的物质实体。1. 军事标识性器物，包括具有文化元素底蕴的武器装备、军人被服、配饰等设备和物品。2. 体现军营特色的生活保障类器物，包括用于日常生活和活动的设施用品。3. 军营生活环境，指军事人员所处的现实空间。

为了更好地理解军营文化，我们还需要清楚以下问题。

对特定内容要在抽象意义上进行认识。文化渗透于社会生活的方方面面，对于一些活动或者物质产品来说，本身并不直接地表现出文化性的特征，但在其产生的意义和行为方式等方面却内在的体现着特定的价值取向、反映着主体的认知水平和思维形式。对这类活动和事物不能简单地从其直接表现出的形态上判断是否属于文化的范畴，而是要看到他们都是文化的外显性形态，是人理智的按照某种规范有意识而为之的结果。例如跑步本身不直接表现出文化性，但为了什么目的跑、怎么跑、标准是什么、怎么提高等无不在价值取向、科学知识水平、行为方式等方面反映出文化性的内容。所以我们将一些看似和文化无关的活动、事物放入文化系统的行为模块、物质模块中，也是基于对文化内在性、抽象性和隐性特点的把握，确立这一思想，对于在实践上开展文化建设活动具有十分重要的意义。

对军事文化、军营文化、军营文化活动的区分。1. 关于军事文化和军营文化。当前，很多人在理解上常常将军营文化等同于军事文化，两者在内容上有很高的重合度，从形式到作用也有很大的相似之处，如果不将两者概念清楚区分，必然会对后续研究造成思维干扰和逻辑影响。（1）从范畴来看，军营文化是军事文化的有机组成部分和重要体现，内涵军事文化的基本内容，一定程度上可以以小见大的将军营文化表述为军事文化，但却不能以大见小的将军事文化表述为军营文化。（2）从主体来看，军营文化的主体特指军事人员及与军营活动密切相关的人员，而军事文化主体可以泛指全部社会成员，无论是否主观自觉，每个人都或多或少的受到军事文化的影响，我军革命战争年代的人民战争战略就是军事文化主体普遍化和大众化的实例。（3）从时空来看，军营文化具有特定的空间范围，主要限定在军事人员的处所之内，其影响主要针对特定群体，一般不会衍射到社会生活中。而军事文化的影响空间更为广泛，不仅限于军队内部，其影响可以涉及社会各个角落，甚至于自然界、太空和深海等新探索领域都会产生影响。（4）从模块内容看，依照本书设计的关于文化研究的系统模型来看，任何文化在结构上都具有一致性，只是在具体内涵上有所不同。对于军事文化来说，军营文化在精神模块、行为模块、制度模块、物质模块的构成上范围更小也更加明确。2.关于军营文化和军营文化活动。军营文化活动包含于军营文化之中，是文化的一种形象的、实践性的表现形式，在军营文化中属于行为模块的内容，与军营文化是部分与整体的关系。按照2013年颁发的《军队基层文化建设规定》中所明确，主要包括读书演讲、歌咏演唱、体育健身、文艺创演、影视欣赏、网络文化、DV动漫、仪式文化和其他形式的文化活动。由此可见，军营文化活动只是军营文化的某一方面内容，两者虽然具有相同的主体、共处同一时空，但属于部分和整体的关系。

对军营文化建设的解构认识。新时代军营文化建设可以解构为"新时代"+"军营文化"+"建设"。2017年，党的十九大报告提出了中国发展的新历史定位——中国特色社会主义进入新时代，就此拉开了中国历史的新篇章。对于"新时代"的内涵，党的十九大报告中已有权威、详细的阐释，本书不再赘述。建设，是人有意识的实践活动，是在积极因素上对旧有事物进行正向加成的发展过程。军营文化建设以军营文化为对象，以建设精神模块、行为模块、制度模块、物质模块为目的，实质是建设军营中的文化系统，即将军营文化作为相对客体有意识地促进其发展的实践活动。新时代是实现中华民族伟大复兴的关键时期，也是中国特色社会主义全面发展的关键时期，这就对我国各项事业的建设水平和质量提出了更高的标准。面对新时代新要求，我军军营文化建设也需要从理论到实践进行全新思考，以更加宏观的思维格局拓展对"建设"对象的新认识，找准具体工作的着力点和落脚点，更加清晰地描绘出新时代军营文化建设的新蓝图。

军营文化系统的结构关系。文化作为一个概念具有一定的抽象性，而对文化进行建设作为一项实践工作，必须有现实的客体对象。文化建设的对象是"文化"，过程是对文化进行"建设"，内容是针对构成文化的各要素所采取的措施和活动。军营文化建设的目的是使军营中特定的文化系统得到巩固和发展，从本质上看是要使生活于军营中的军事人员从思想到行动上自觉的接受、认可、维护军营价值观。我军军营文化具有特定的内容和形式，从价值观念、思维方式、实践活动等各个方面对官兵进行教育、规范和塑造，军营文化建设就是要通过多种方法对这些观念、思维、行为进行强化。是一项需要通过不同方式方法、从不同领域共同推进的系统工程。从建设的角度看，可以将军营文化建设拆解为各模块的分别建设，通过局部的发展实现整体系统性效能的提升。军营文化中精神模块、行为模块、制度模块和物质模块之间紧密联系、互相渗透、相辅相成、缺一不可。片面地强调某一方面或者孤立地只抓某一方面，都无法实现军营文化建设的科学发展。对此我们曾经有过历史教训，一味地搞"空头政治"和简单地追求"物质基础"都造成了军营文化的畸形发展。因此，新时代军营文化建设必须按照"系统论"和其内在规律要求注重全面性和协调性建设，只有这样才能真正发挥军营文化的整体效益。

在军营文化系统中，精神模块是核心和灵魂，作为中枢神经决定系统的运行模式，是物质模块得以实现的关键环节，其丰富内涵外化于行为模块、制度模块之中。对于军营文化建设来说最关键的就是抓好精神模块建设；行为模块是精神模块的活化表现，是制度模块的规范对象，是物质模块的作用形式，对巩固、提升和发展军营文化系统效能发挥着不可替代的作用；制度模块既是军营精神模块和行为模块的物化表现和实现物质模块的基础，又是强化和巩固三者的强制性保障，是将各模块结合成一个有机整体的枢纽和桥梁，是保证文化系统效率最大化的关键；物质模块处于最基础的位置，满足物质需要是整个文化发生的最初源头，也是文化系统产生的先决条件。正如马克思主义原理中指出物质决定意识、经济基础决定上层建筑，精神模块、行为模块和制度模块都受制于物质模块。军营文化系统中各模块的结构关系如图所示（图1-4）。

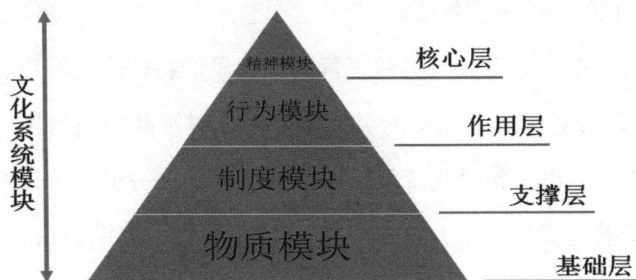

图1-4　文化系统结构图

第三节　新时代军营文化建设的新特征

中国特色社会主义进入新时代，国防和军队建设也进入新时代。军队建设的新目标、新理念、新标准和我军新的职能使命对军营文化建设提出新的更高要求。新时代军营文化建设在继承过去优良传统、面向未来的发展演变过程中，呈现出一些体现新时代特色的新特征。

一、以实现党在新时代的强军目标、建设世界一流军队为根本目标

党在新时代的强军目标是新时代国防和军队建设最具代表性的鲜明标志，也是习近平主席对我军新时代发展建设的新期望和新要求。党在新时代的强军目标明确了我军的前进方向，军队各项工作都必须紧紧围绕强军目标来开展。新时代军营文化建设同样要向强军目标聚焦，在发展进程中始终将是否有利于强军目标的实现作为不可动摇的基准。任何一种文化都有其特定的服务对象，不断满足服务对象需要的过程就是文化建设的实践过程。对于新时代军营文化来说，全体军事人员组成的军队是其服务的主体对象，军队的发展方向就是引领军营文化建设的坐标。进入新

时代，我军以强军目标作为建设方向，军营文化建设自然也要以实现强军目标为方向，一旦偏离了强军目标的方位，也就失去了新时代军营文化存在的根本价值和现实意义。所以说，以实现党在新时代的强军目标、建设世界一流军队为根本目标，是新时代军营文化的一个鲜明特征。

以新时代的强军目标为方向引领军营文化建设的特征主要有以下体现。鲜明铸就"军魂烙印"。听党指挥是强军的灵魂，坚持党对军队的绝对领导既是我军的传统和独特政治优势，也是新时代背景下的必然选择。一方面，中国共产党领导下的人民军队取得了举世瞩目的伟大成就，充分体现了党在建军方面的思想先进性、能力优越性和行动可靠性，加强党对军队的领导是历史经验的成功启示。另一方面，新时代的人民军队肩负着实现中华民族伟大复兴的艰巨使命，越接近目标，所面临的困难和挑战也越大，意识形态的斗争形势也越严峻。苏联的惨痛教训告诫我们，失去党对军队坚强统一的领导，对于军队来说就好比釜底抽薪，失去了胜利的根本保证。因此，新时代军营文化建设要紧扣新时代新要求，在思想上将听党指挥的科学真理教化为官兵共同的价值观和信仰认同；在行动上将听党指挥的具体要求落实在时刻与党中央保持一致的一言一行；在制度上通过刚性约束将听党指挥的原则宗旨体现在对官兵生活的日常规范。积极营造"胜战氛围"。能打仗、打胜仗是强军的核心，无论在任何时候，培养官兵战斗精神、积极营造能打仗打胜仗的军营氛围和环境都是军营文化建设的关键所在。在此基础上，新时代军营文化建设还应在系统思维下通过军事理论、军队组织结构、军事人员和武器装备的现代化建设全面提升我军实战、胜战能力，在宏观视野下构建强军文化的"胜战氛围"。呼应这一要求，新时代军营文化建设要在军事理论上紧跟世界军事潮流，通过思想理念的先进性科学提升高技术条件下信息化作战中我军的训练水平和实战能力；在编制体制调整中依照联合作战、体系对抗、精兵较量等实战要求，不断在思想上和制度上为深化改革提供保证；在军事人员素质上通过加强科学技术的教育和训练重组官兵知识结构，以个体能力提升促进军队整体战斗力的提升；为武器装备的更新换代提供综合保障，以现代化的武器装备硬实力提升官兵强军胜战的精神软实力，形成以现代化装备增强必胜信念、以必胜信念更加高效的发挥武器装备效能的琴瑟和鸣。注重彰显"本色形象"。作风优良是强军的保证，作为中国共产党领导的人民军队，全心全意为人民服务、为人民利益甘愿牺牲一切是我军永远不变的宗旨和本色。人民是历史的推动者，只有站在人民一边，获得人民的支持才能永远立于不败之地。我军自诞生之日起就将密切同人民群众的血肉联系、增强群众观念和群众感情作为一项重要工作，通过实际行动树立了人民军队的好样子。进入新时代，继续保持优良作风除了传承红色基因保持光荣传统外，还必须与时俱进地适应新目标带来的新要求，在军营文化建设中综合运用教育、法制和管理等方法，在作风建设的"目的""过程""手段"各层面相互补充，克服单一性和片面性、兼顾针对性与全局性，立体塑造我军的"本色形象"。对此，要形成良好的作风建设机制，在军营中牢固树立法制意识，培养官兵运用法治理念、法治思维与法治方式进行自我规范、自我检查和相互监督，在制度化与常态化中真正实现"作风建设永远在路上"；要抵制市场经济环境中资本逻辑在军营的延伸泛化，杜绝"四风问题"的抬头和反复，在官兵思想上树立纯洁的人际交往观念，营造和维护好十八大之后逐步形成的健康内部氛围和良好局面；要善于运用网络平台和新传媒手段，将讲好军人故事、传播军营声音，反映广大官兵真实生活作为宣传的主要内容，积极树立新时代先进楷模和标兵，让官兵心里有目标、眼里有榜样、行动有标准，推动作风建设的新一轮"比学赶帮超"。

二、以习近平关于中国特色社会主义文化建设论述和习近平强军思想为理论指导

理论是实践的先导，只有以科学先进的理论为指导，才能保证实践活动的正确开展。所谓理论，简单地讲，就是对实践的反映概括和总结，是文化范畴中系统、抽象、精深的道理或原理，是文化的内核部分。[①] 文化从生成到确立是一个长期积淀、动态发展的过程，在这个过程中每当"文化"发展到一个新的阶段，都需要对原有

---

① 张远新.文化自信：更基础、更广泛、更深厚的自信——学习习近平总书记关于文化自信的有关论述 [J].兰州学刊，2016（10）:27—36.

指导思想进行理念创新，使其适应新阶段的实际，为下一阶段的发展提供科学指导。回顾历史，在我军军营文化建设的不同阶段，毛泽东思想、邓小平理论、"三个代表"重要思想、科学发展观中关于文化建设的内容都发挥了科学指引的重要作用。进入新时代，新的伟大实践必然产生新的伟大理论，新的伟大理论又必将指导新的伟大实践，新时代我军军营文化建设同样需要新的指导思想。作为一脉相承的理论成果，习近平新时代中国特色社会主义思想中关于文化建设的重要论述立足时代背景、把握时代特征，既是新时代军营文化建设的科学指南，也是新时代军营文化建设的鲜明特征。

以习近平关于中国特色社会主义文化建设重要论述为指导的特征主要体现在以下方面。一是站在新的高度定位文化建设。党的十八大以来，紧紧围绕新时代实现中华民族伟大复兴的梦想，习近平主席和党中央立足国内外实际，将文化建设纳入中国特色社会主义事业"五位一体"总体布局之中，将"三个自信"专门加上文化自信拓展为"四个自信"，明确提出"没有文明的继承和发展，没有文化的弘扬和繁荣，就没有中国梦的实现"①。这些都表明文化建设已经被提升到了关乎国家发展大局的战略高度，由一个领域性的问题变成一个全局性问题。同时，为了在新的高度上确立文化建设的重要地位，国家在政策导向和制度设计上也不断作为，党的十八大和十八届三中、四中、五中、六中全会都对文化建设进行重大部署，先后出台重要法律，初步形成了较为全面系统、科学完善的文化建设体制，为科学开展文化建设实践提供了有力保证，形成了战略层面和制度层面协奏共鸣的积极局面。二是立足新的深度认识文化自信。党的十八大以来，习近平主席多次在不同场合提到文化自信，传递着新时代中国特色社会主义的文化理念和文化发展思想，彰显出我国文化建设进入了一个新的阶段。文化自信是一个民族、一个国家以及一个政党对自身文化价值的充分肯定和积极践行，并对其文化的生命力持有的坚定信心。②改革开

---

① 中共中央文献研究室 . 习近平关于社会主义文化建设论述摘编 [M]. 北京：中央文献出版社 .2017:5.
② 赵银平 . 文化自信—习近平提出的时代课题 [J]. 南昌：理论导报，2016（08）:7.

放 40 年来，中国的发展建设取得了举世瞩目的成就，国家综合国力显著提升、人民生活境遇极大改善，在世界范围不断发挥着越来越大的重要影响，世界对中国的发展前景普遍看好，中国道路、中国模式、中国方案正得到越来越多的国家认可和借鉴。可以说，中国的发展方向代表了人类社会发展的正确方向，中国的文化自信充满底气，坚定文化自信就是为伟大复兴提供更基本更深沉更持久的力量。重拾近代以来因国力衰弱而丧失的自信心，是我们必须重视的时代课题。正如习近平主席所说："站立在 960 万平方公里的广袤土地上，吸吮中华民族漫长奋斗积累的文化养分，拥有 13 亿中国人民聚合的磅礴之力，我们走自己的路，具有无比广阔的舞台，具有无比深厚的历史底蕴，具有无比强大的前进定力。中国人民应该有这个信心，每一个中国人都应该有这个信心。"① 三是拓展新的广度扩大文化影响。党的十九大报告强调在文化建设上要注重讲好中国故事，传播中国声音，展现真实、立体、全面的中国，提高国家文化软实力。新时代的中国海外利益不断扩大，人民军队必然越来越多的走向世界舞台，保持军队良好的文化风貌既是军队自身建设的要求，也是展现传播国家核心价值观和树立良好国际形象的时代要求。立足新时代，军营文化建设不仅要在军队内部产生效益，还要在全社会、全球范围传播中国的价值观念和文化产品，扩展积极影响。一方面要提升文化宣传水平和质量，根据文化内容和目标受众的不同，有针对性的选择时机和适当的形式手段，增强文化表达的接受度和感染力。另一方面要加大"走出去"和"请进来"的力度，通过广泛参与国际军事行动和交流活动，在直接接触中让世界感知中国军队及其文化魅力。再一方面要充分运用数字媒体和网络平台，以大数据为基础做好文化意识、文化观念和文化产品在第三空间的语境替换，用互联网视觉增强文化传播的效率和目标对象的体验感、融入感，将信息时代的技术成果与拓宽文化影响紧密相关。

---

① 中共中央文献研究室. 习近平关于社会主义文化建设论述摘编 [M]. 北京：中央文献出版社，2017:4.

三、从宏观上以文化系统全要素为内容构建"四位一体"建设布局

文化是人类精神成果和物质成果的总和，其中所包括的价值观念一方面通过无形的思想形态表达，另一方面又通过制度、物质、行为等有形形式表现。因此，新时代军营文化作为建设的对象，应将其视为围绕核心价值观，把宏观与中观、微观，精神与行为、制度和物质有机统一起来，把多要素多层次的不同模块全面纳入"建设"范畴的有机系统。呈现出精神、行为、制度、物质"四位一体"的综合集成特征。

长期以来，受大多数研究者主要从精神内容上对文化进行研究的影响，军营文化建设上也多是强调精神内容，即使谈到制度、物质、行为等方面的内容，也是弱化其地位，视其为文化在精神上的载体或者表达方式，而不是真正当作文化建设的主要内容来看待。这种认识虽然是正确的，但也是不全面的。文化建设被提升到国家战略的高度，由一个领域性问题变为一个全局性问题，表明文化已经突破精神层面，需要从更广泛的意义上重新标定。新时代军营文化建设当然应当以精神方面建设为主，但如果只注重精神层面的研究与建设，而不是从宏观的层面、多要素的视角从整体系统上进行研究和建设，势必无法有效解决新时代面临的更加严峻的新挑战，无法适应新时代军营文化建设的新要求。因此，新时代军营文化建设应以构成文化的全要素为对象，实现文化建设的全面并举式发展。按照本书所遵循的观点，这一特征主要体现在以下几个方面。适应政治建军、改革强军、科技兴军、依法治军要求，在精神模块建设上，注重培育官兵革命军人核心价值观、增强新一代革命军人"四有"意识，不断强化官兵政治意识、宗旨意识、使命意识；在行为模块建设上，注重适应信息化条件下联合作战的要求，提升部队军事训练、思想政治教育、科学文化教育等实践活动的水平，提高联合作战行为能力；在制度模块建设上，注重通过完善法规制度，强化刚性执行，引导和规范官兵的言行以及军营内部之间和军营与外部社会之间的关系；在物质模块建设上，注重增强武器装备的高科技含量，

改善军营文化环境和物质设施，以硬实力的提升增强官兵自信，推动强军文化的生成。

四、以创造性转化、创新性发展为主要建设形式和路径

习近平总书记在十九大报告中提出，要推动中华优秀传统文化创造性转化、创新性发展。这既明确了中国特色社会主义文化建设的重大任务，也指明了我国文化建设的实践路径和指向。习近平主席的这一要求不仅限于以传统文化建设为对象，对新时代军营文化建设同样具有重要现实指导意义，对此曾深刻指出，我们这支军队，靠改革创新走到现在，也要靠改革创新赢得未来。我们要紧跟世界军事革命发展趋势，与时俱进推动军事改革，全面推进军事理论、技术组织、管理、文化各方面创新，带动全军把创新驱动发展的引擎全速发动起来，努力把我军建设成为创新人民军队。对于新时代军营文化建设来说，同样应呈现出创新性转化、创新性发展的特征。所谓创造性转化，就是要对既有军营文化进行富有创意的积极改造，用现代化的军营文化成果及其表现形式代替那些不符合新时代要求、不适应新一代官兵认识偏好地落后于时代的部分；所谓创新性发展，就是结合时代发展的新成就，赋予军营文化新的内涵和表现形式，不断补充、拓展、完善军营文化系统结构，切实增强军营文化的影响力和感召力。

新时代军营文化以中华优秀传统文化、革命文化和社会主义先进文化为文化根脉，在长期的发展历程中积淀了不少优良要素。新时代军营文化建设应坚持以创造性转化和创新性发展的建设形式和方法加以推进，这一特征主要体现在以下三个方面。继承性创新。对我军既有的军营文化进行细致梳理，取其精华去其糟粕，用适应新时代的表达形式进行新诠释和新呈现，赋予既有军营文化以新的生命力。原始性创新。立足新时代特征和我军新的使命要求，将现代化、信息化、智能化要素渗透进军营文化建设中，用新时代的新理念、新行为、新制度、新载体打造全新的军营文化。借鉴性创新。在坚持新时代军营文化中国特色的基础上，批判性吸收外国军队先进的军营文化建设理念和有益做法，通过引进吸收改造，使之转变为适应我

军军营文化建设的可行举措。

五、以"有灵魂、有本事、有血性、有品德"为核心价值追求

一种文化中最本质、最核心的部分是其所反映的价值观。正如习近平主席所指出，"价值观念在一定社会的文化中是起中轴作用的，文化的影响力首先是价值观念的影响力。世界上各种文化之争，本质上是价值观念之争。"[①] 只有在价值观方面占据主导，才能在文化争夺中占据优势。2014 年 11 月，习近平主席在全军政治工作会议上强调指出要培养有灵魂、有本事、有血性、有品德的新一代革命军人，由此为培育当代革命军人核心价值观进一步明确了方向、树立了参照的标杆。因此，新时代军营文化建设必须将培养能打仗、打胜仗的"四有"新时代革命军人置于核心位置，让"有灵魂、有本事、有血性、有品德"的共同价值追求成为其重要特征。

习近平主席指出："一种价值观要真正发挥作用，必须融入社会生活，让人们在实践中感知它、领悟它。"[②] 有灵魂、有本事、有血性、有品德是新时代军营文化的魂，应切实将新时代"四有"标准贯穿于军营生活的方方面面，培育官兵对党忠诚的灵魂，能打胜仗的本事，不怕牺牲的血性，爱国奉献的品德。因此，新时代军营文化应具有四个体现。体现"四有"价值取向。通过新时代军营文化精神模块建设，正确教育引导官兵形成认可"四有"、尊崇"四有"、追求"四有"的认知体系，激励官兵以"四有"作为鞭策成才的价值目标。体现"四有"行为方式。通过军营文化行为模块建设，将"四有"新时代革命军人的基本内容和要求外化体现到学习、训练等一切军营活动中，在实际工作和具体岗位上用实际行动落实执行"四有"要求，使其成为官兵的下意识反映，成为日常工作和生活的习惯。体现"四有"制度规范。通过军营文化制度模块建设，在各项制度法规的制定中参照"四有"目标，使"四有"要求成为规范官兵一言一行的标准，在依法治军、按纲建设、依规活动中推进

① 中共中央文献研究室. 习近平关于社会主义文化建设论述摘编 [M]. 北京：中央文献出版社，2017:105.
② 中共中央文献研究室. 习近平关于社会主义文化建设论述摘编 [M]. 北京：中央文献出版社，2017:109.

"四有"目标的实现。体现"四有"物质载体。通过军营文化物质模块建设，充分发挥物质的承载作用，在武器研发、服装配饰、军营环境中更加凸显我军特色文化元素，在长期熏陶中潜移默化的立起新时代官兵对"四有"的共同追求。

第二章

根本遵循：关于新时代军营文化建设重要论述

党的十八大以来，习近平主席站在实现中华民族伟大复兴的战略高度，对新时代中国特色社会主义文化建设做出一系列重要论述。其中包含着丰富的关于新时代军营文化建设的内容。习近平主席针对新时代军营文化建设这一特定主题虽然直接论述不多，但其关于中国特色社会主义文化建设论述、关于新时代军事文化建设的论述都同样适用于新时代军营文化建设。从这个意义上讲，习近平主席关于新时代军营文化建设的论述内容也是十分丰富的，涉及新时代军营文化建设的战略地位、根本指导、重要原则、价值指向、面临挑战、战略抓手等诸多方面。为此，本文以习近平主席关于中国特色社会主义文化建设论述、关于新时代军事文化建设的论述为基础，以及习近平主席关于军营文化建设的论述为依据，对习近平主席关于军营文化建设论述作以研究和归纳分析，为后续研究提供根本遵循。

第一节　战略地位

如何认识文化建设在强国兴国中的地位作用，是加强新时代文化建设必须首先回答的问题。同中国特色社会主义文化建设之于中国特色社会主义建设的重要地位一样，新时代军营文化建设在强军兴军中也应具有重要的战略地位。从习近平主席的重要论述中，我们可以深深感受到，习近平主席总是站在实现中华民族伟大复兴的中国梦、实现党在新时代的强军目标的战略高度来看待新时代文化建设、看待新时代的军营文化建设。

一是新时代军营文化建设是构成实现中华民族伟大复兴的重要文化力量。把文化建设提升到国家战略高度，是新时代中国特色社会主义建设的鲜明标志。对于文化建设的重要地位，习近平主席总是站在实现中华民族复兴中国梦的高度加以定位，鲜明指出："提高国家文化软实力，不仅关系我国在世界文化格局中的定位，而且关系我国国际地位和国际影响力，关系'两个一百年'奋斗目标和中华民族伟大复兴中国梦的实现。"①"每到重大历史关头，文化都能感国运之变化、立时代之潮头、发时代之先声，为亿万人民、为伟大祖国鼓与呼。"②习近平主席强调，文化力量是激发一切力量的根源，"文化是一个国家、一个民族的灵魂。历史和现实都表明，一个抛弃了或者背叛了自己历史文化的民族，不仅不可能发展起来，而且很可能上演一场历史悲剧。"③党的十八大以来，习近平主席将文化建设作为"五位一体"建设总体布局的一个重要部分，并专门强调"四个自信"中文化自信是最根本、最深沉、最持久的力量。实现中华民族伟大复兴的中国梦需要以强大的文化作支撑，建设一支听党指挥、能打胜仗、作风优良的人民军队，同样需要以强大的军事文化作根基。一支军队真正强大的根源在于其军事文化力量的强大，加强新时代军营文化建设，也是建设强大的军事文化、建设强大的中国特色社会主义文化的重要组成部分，从这个意义上讲，加强新时代军营文化建设就是为中国特色社会主义文化建设作贡献。

二是新时代军营文化建设是实现党在新时代强军目标的关键。习近平主席强调，强军事业呼唤强军文化，要聚焦强军目标打造强军文化，凝聚强军兴军强大正能量，并要求以党在新时代的强军目标为统领加强部队文化建设。习近平主席的论述深刻揭示了新时代包括军营文化建设在内的军事文化建设与实现党在新时代的强军目标的内在联系和关键作用。中国特色社会主义进入新时代，实现党在新时代的强军目标标定了我军未来的发展方向，紧紧围绕党在新时代的强军目标是我军各项建设的核心要求。新时代军营文化建设是为部队官兵注入灵魂的工程，反映并强化着我军本质属性和军事人员的综合素质，以其丰富内涵、生动形式和深沉力量对实现党在新时代的强军目标发挥着不可替代的关键作用。如同"没有文明的继承和发展，没有文化的弘扬和繁荣，就没有中国梦的实现"④一样，搞不好新时代军营文化建设，也

① 中共中央文献研究室.习近平关于社会主义文化建设论述摘编[M].北京：中央文献出版社，2017:198.
② 中共中央文献研究室.习近平关于社会主义文化建设论述摘编[M].北京：中央文献出版社，2017:7.
③ 中共中央文献研究室.习近平关于社会主义文化建设论述摘编[M].北京：中央文献出版社，2017:12.
④ 中共中央文献研究室.习近平关于社会主义文化建设论述摘编[M].北京：中央文献出版社，2017:5.

就不可能有党在新时代的强军目标的实现。

三是新时代军营文化建设是建成世界一流军队的根本要求。军营文化综合反映军队的建设水平，没有一流的军营文化也很难建成一流军队。习近平主席指出："古往今来，中华民族之所以在世界有地位、有影响，不是靠穷兵黩武，不是靠对外扩张，而是靠中华文化的强大感召力和吸引力。我们的先人早就认识到'远人不服，则修文德以来之'的道理。阐释中华民族禀赋、中华民族特点、中华民族精神，以德服人、以文化人是其中很重要的一个方面。"① 可见，作为世界一流军队的标准，不仅要有强大的军事力量，更要有强大的文化力量。军营文化与军队的成长伴随而行、融为一体，内化和外显于这支军队的方方面面，既是军队建设的内容之一，又无时无刻、无处不在地对军队建设的其他内容产生作用和影响。正如习近平主席所说："文化软实力集中体现了一个国家基于文化而具有的凝聚力和生命力，以及由此产生的吸引力和影响力。古往今来，任何一个大国的发展进程，既是经济总量、军事力量等硬实力提高的进程，也是价值观念、思想文化等软实力提高的进程。"② 因此，新时代军营文化建设水平越是向着文化海拔的高峰逼近，距离我军建成世界一流军队的目标也就更加接近。

第二节　根本指导

文化的根本指导问题就是文化的方向问题。作为共产党领导的无产阶级军队，马克思主义及其中国化创新成果构成了我军各项建设的基本理论和现实指导。如何保证新时代军营文化建设正确方向，习近平主席的论述作了深刻阐明，就是要坚持以马克思主义基本理论为指导，尤其是要坚持以党在新时代的创新理论最新成果为根本指导。

---

① 中共中央文献研究室. 习近平关于社会主义文化建设论述摘编 [M]. 北京：中央文献出版社，2017:6.
② 中共中央文献研究室. 习近平关于社会主义文化建设论述摘编 [M]. 北京：中央文献出版社，2017:198.

坚持以马克思主义为指导。马克思主义是在充分吸收人类几千年来智慧成果的基础上形成的科学世界观和方法论，阐明了人类文明发展的一般规律，为我们开展各项工作提供了基本立场、观点和方法。新时代军营文化建设也必须以马克思主义为指导。习近平主席指出："马克思主义哲学尽管诞生在一个半世纪之前，但由于它时刻揭示了客观世界特别是人类社会发展一般规律，被历史和实践证明是科学的理论，在当今时代依然有着强大生命力，依然是指导我们共产党人前进的强大思想武器。"①马克思主义对人类社会发展进步的影响是深刻而全面的，没有马克思主义的先进理论，共产党和人民军队就失去了建设的旗帜和方向，不可能在文化领域实现自觉、自信、自强。习近平主席强调："马克思列宁主义、毛泽东思想一定不能丢，丢了就丧失了根本。同时，我们一定要以我国改革开放和现代化建设的实际问题、以我们正在做的事情为中心，着眼于马克思主义理论的运用，着眼于对实际问题的理论思考，着眼于新的实践和新的发展。"②新时代军营文化建设坚持以马克思主义为指导，就必须以中国共产党人对马克思主义理论创新成果为指导。在坚持马克思主义的历史发展进程中，中国共产党人把马克思主义基本原理与中国的革命、建设、改革相结合，联系实际形成了毛泽东思想、邓小平理论、"三个代表"重要思想、科学发展观等一系列马克思主义中国化的理论成果，这些成果是马克思主义的重要组成部分，是当代中国的马克思主义，同样是我国各项事业建设的行动指南，也是新时代军营文化建设的重要理论指导。

坚持以党在新时代的理论创新成果为指导。"实践没有止境，理论创新也没有止境。要使党和人民事业不停顿，首先理论上不能停顿。"③在新的历史条件下，马克思主义的最新理论成果就是习近平新时代中国特色社会主义思想，坚持其理论指导地位既是坚持马克思主义的体现、也是应对时代要求的实践抉择。习近平新时代中国特色社会主义思想，特别是习近平强军思想和关于社会主义文化建设的论述既是马

---

① 中共中央文献研究室.习近平关于社会主义文化建设论述摘编 [M].北京：中央文献出版社，2017:62.
② 中共中央文献研究室.习近平关于社会主义文化建设论述摘编 [M].北京：中央文献出版社，2017:59.
③ 中共中央文献研究室.习近平关于社会主义文化建设论述摘编 [M].北京：中央文献出版社，2017:65.

克思主义文化建设思想随着时代发展所形成的创新成果，也是我军军营文化建设的直接指导理论和现实行动指南。对此，习近平主席指出：要着力用党的十八大以来党的理论成果武装官兵，强化战斗精神培育，打造强军文化，凝聚强军兴军强大正能量。首先，它揭示了新时代社会主义文化建设的一般规律。习近平关于社会主义文化建设的论述和习近平强军思想回应时代呼唤，改革开放 40 多年来，我国各项建设取得巨大成就、为发展文化事业奠定了深厚物质基础的情况下，为新时代社会主义文化建设确立了新的时代定位，在许多重大问题上提供了科学的思想和方法，是符合唯物史观社会存在决定社会意识、社会意识反映社会存在的基本体现，是适应时代主题、聚焦社会主要矛盾新变化而进行的科学设计。其次，它摸准了新时代社会主义文化建设的着力点。马克思主义坚持经济基础决定上层建筑。就军营文化的建设而言，用事实说话、实现强军目标是标志文化先进的最好佐证。一支军队的文化是否具有生命力和先进性，固然要靠文化自身的影响，但归根结底是由这支军队是否足够强大决定的。例如，美军并没有深厚的历史文化底蕴，其军事文化在全球处于强势地位就是依仗其强大的军事硬实力。因此，习近平主席强调要以强军目标作为新时代军营文化建设的根本引领，既通过军营文化增强我军硬实力，又通过我军硬实力的提升，不断夯实军营文化建设的关键基础。

第三节　重要原则

原则是行事的准则。军营文化建设经过长期发展，在不断总结经验教训的过程中确立了一系列重要原则。坚持原则成为我军军营文化建设正确前行的根本保障。随着中国特色社会主义建设进入新时代，面对新环境、新挑战等方面的新变化，习近平主席着眼新情况进一步明确新时代文化建设的重要原则，这些重要原则体现贯彻到新时代军营文化建设中，主要表现在以下几个方面。

一是更加突出以服务官兵为根本的原则。文化建设首先要解决的问题是为了谁、依靠谁，只有解决好这个问题，才能坚持正确的建设方向。习近平主席强调军队文化建设要突出服务官兵，为阐明这一道理，他以文艺创作为例做出深刻说明："人民的需要是文艺存在的根本价值所在"①，"人民既是历史的创造者，也是历史的见证者，既是历史的'剧中人'，也是历史的'剧作者'。文艺要反映好人民心声，就要坚持为人民服务、为社会主义服务这个根本方向。这是党对文艺战线提出的一项基本要求，也是决定我国文艺事业前途命运的关键。"②服务人民是社会主义文化建设的根本原则，体现在新时代军营文化建设中，就是要确立以服务官兵为导向的重要原则。能不能始终坚持服务好官兵，是决定能否实现强军目标和打造强军文化的关键，从军营文化建设服务官兵具体要求来看，一是要在思想上引领官兵。巩固马克思主义在意识形态中的指导地位，培育当代革命军人核心价值观，以党在新时代的强军目标为引领营造稳定、健康、体现宗旨性和职能性的新时代军营文化环境。二是要在能力上提升官兵。官兵是军营活动的主体，只有不断提升官兵的综合素质才能科学推动军营各项建设得更好发展。进入新时代，军营文化建设要主动承担起提升官兵政治素质、军事素质、科学素质等综合素质，促进官兵全面发展的历史责任。正如习近平主席强调："文化是民族生存和发展的重要力量，"③"为全国各族人民不断前进提供坚强的思想保证、强大的精神力量、丰富的道德滋养，"④"一个民族的复兴需要强大的武装力量，也需要强大的精神力量。没有先进文化的积极引领，没有人民精神世界的极大丰富，没有民族精神力量的不断增强，一个国家、一个民族不可能屹立于世界民族之林。"⑤三是要在生活中满足官兵文化需求。习近平主席指出："人类社会与动物界的最大区别就是人是有精神需求的，人民对精神文化生活的需求时刻都存在。"⑥所以，要坚持把满足官兵的精神文化需求作为出发点和落脚点。确立这一原则，既是用军营文化丰富和满足官兵的精神生活，同时也可以在此过程中了解官

---

① 中共中央文献研究室.习近平关于社会主义文化建设论述摘编 [M].北京：中央文献出版社，2017:161.
② 中共中央文献研究室.习近平关于社会主义文化建设论述摘编 [M].北京：中央文献出版社，2017:160.
③ 中共中央文献研究室.习近平关于社会主义文化建设论述摘编 [M].北京：中央文献出版社，2017:5.
④ 中共中央文献研究室.习近平关于社会主义文化建设论述摘编 [M].北京：中央文献出版社，2017:10.
⑤ 中共中央文献研究室.习近平关于社会主义文化建设论述摘编 [M].北京：中央文献出版社，2017:7.
⑥ 中共中央文献研究室.习近平关于社会主义文化建设论述摘编 [M].北京：中央文献出版社，2017:8.

兵精神需求的现状，从中汲取素材、触发灵感，促进军营文化自身的发展提升。

二是更加强调博采中外文化所长的原则。世界文化是多元多样的，每一个国家和民族的文化都有自己的所长，每一个国家的军队都有其文化上的独特之处。对于新时代军营文化建设来说，既要传承和发扬自身的文化精华，又要在交流学习中积极借鉴外军文化建设的成功做法，集百家之所长才能永葆活力，不断实现创新发展。在对待两者的态度上，习近平主席指出："文明因交流而多彩，文明因互鉴而丰富"①，"只有不断发掘和利用人类创造的一切优秀思想文化和丰富知识，我们才能更好认识世界、认识社会、认识自己，才能更好开创人类社会的未来。"②一方面，传承和发展中华优秀传统文化。习近平主席强调："如果不珍惜自己的思想文化，丢掉了思想文化这个灵魂。这个国家、这个民族是立不起来的。"③中华优秀传统文化蕴藏着中华民族的文化基因，富积着中华民族最深沉的精神与价值追求。习近平主席指出，中华民族优秀传统文化蕴涵着我们的民族魂，活跃着我们民族生生不息的精神基因，也积累了丰富的优秀军事传统文化。新时代军营文化建设所面对的许多现实难题，"不仅需要运用人类今天发现和发展的智慧和力量，而且需要运用人类历史上积累和储存的智慧和力量，"④坚持古为今用，推陈出新，结合新的实践和时代要求进行正确取舍。因此，在新时代军营文化建设中，要坚持马克思主义唯物史观，从中华民族辉煌的历史中找寻文化血脉，在对中华优秀传统文化的传承和发展中，为新时代军营文化建设提供深厚的文化资源和底蕴。正如习近平主席所说："要理直气壮继承和弘扬中华民族传统美德。对先人传承下来的文化和道德规范，要在去粗取精、去伪存真的基础上，采取兼收并蓄的态度，坚持古为今用、推陈出新的方法，有鉴别

---

① 文明因交流而多彩，文明因互鉴而丰富－专题报道 [R].
http://cpc.people.com.cn/xuexi/n/2015/0721/c397563-27337517.html.2014.
② 习主席谈古说今论文化 [R].
http://theory.people.com.cn/n/2014/0925/c49150-25730509.html.2014
③ 中共中央文献研究室．习近平关于社会主义文化建设论述摘编 [M]．北京：中央文献出版社，2017:5.
④ 在纪念孔子 2565 周年诞辰国际学术研讨会上的讲话 [R].
http://www.xinhuanet.com/politics/2014-09/24/c_1112612018.htm.2014.

地加以对待,有扬弃地予以继承。"① 另一方面,要借鉴吸收世界各国先进文化。习近平主席强调:"文明只有姹紫嫣红之别,但绝无高低优劣之分。"② "继承和发扬中华民族优秀传统文化,坚持和弘扬中国精神,并不排斥学习借鉴世界优秀文化成果。"③ 古为今用、洋为中用是我国社会主义文化建设一以贯之的基本方针,吸收借鉴世界不同国家、不同民族的优秀文化是"增强本国本民族思想文化自尊、自信、自立的重要条件。"④ "交流互鉴是文明发展的本质要求。只有同其他文明交流互鉴、取长补短,才能保持旺盛生命活力。"⑤ "我们应该以海纳百川的宽广胸怀打破文化交往的壁垒,以兼收并蓄的态度汲取其他文明的养分。"⑥ 当前,总体来看世界文化格局还是以资本主义文化及其价值观念所主导,正如习近平主席所说:"客观地讲,国际舆论格局依然是西强我弱,但这个格局不是不可改变、不可扭转的,关键看我们如何做工作。"⑦ 在此环境下,加强新时代军营文化建设必须切实提升对外国、外军文化的鉴别能力,万不能盲目跟风以西为向,更不能将西方军队的文化思想奉为圭臬、唯西方欧美价值观马首是瞻,而是要在与外军军营文化的比较中,保持对自身文化的自信、耐力、定力。再一方面,要巩固和高扬革命文化和社会主义先进文化。形成于战争年代的革命文化中蕴含了丰富的红色精神,构成了我军文化的本质特征和独特内涵,体现着我军永远不变的初心和本色。社会主义先进文化是马克思主义同中华优秀文化相结合的产物,是现代的、科学的、民族的、大众的文化,是在多元文化的对冲中对社会主义核心价值观的系统彰显,集中表现为以爱国主义为核心的民族精神和以改

---

① 中共中央文献研究室.习近平关于社会主义文化建设论述摘编[M].北京:中央文献出版社,2017:188.
② 习近平在亚洲文明对话大会开幕式上的主旨演讲(全文)[R]. http://www.xinhuanet.com/politics/leaders/2019-05/15/c_1124497022.htm.2019.
习近平妙语连珠论文化[N].http://politics.people.com.cn/n/2014/0924/c1024-25728727.html.2014.
③ 中共中央文献研究室.习近平关于社会主义文化建设论述摘编[M].北京:中央文献出版社,2017:167.
④ 习近平妙语连珠论文化[N].http://politics.people.com.cn/n/2014/0924/c1024-25728727.html.2014.
⑤ 习近平在亚洲文明对话大会开幕式上的主旨演讲(全文)[R]. http://www.xinhuanet.com/politics/leaders/2019-05/15/c_1124497022.htm.2019.
⑥ 习近平在亚洲文明对话大会开幕式上的主旨演讲(全文)[R]. http://www.xinhuanet.com/politics/leaders/2019-05/15/c_1124497022.htm.2019.
⑦ 中共中央文献研究室.习近平关于社会主义文化建设论述摘编[M].北京:中央文献出版社,2017:208.

改革创新为核心的时代精神，反映着文化发展的内在规律，是当前我国文化建设的力量之源和自信之基。面对新时代军营文化建设这一艰巨任务，革命文化和社会主义先进文化中蕴藏着解决困难的重要法宝。

三是更加重视遵循规律深化改革的原则。文化建设有其内在规律，只有遵循规律才能实现科学推动。党的十八大以来，我国社会主义文化建设顺应文化发展的内在规律在改革中稳步发展，取得了一个又一个重大突破。进入新时代，我军不断深化进行的国防和军队改革，在军事力量编成、人员发展路径等方面引发了价值观念、思维方式、行为方式、制度机制等一系列文化层面的新变化，这就对新时代军营文化建设提出了新的变革要求。习近平主席强调："人民军队发展史，就是一步改革创新史。"① "改革是决定当代中国命运的关键一招，也是决定我军发展壮大、制胜未来的关键一招。"② 当前，我军在思想政治建设、信息化建设、编制体制改革等工作中出现的许多阻碍，从根本上看都存在军营文化环境不能适应新变化带来的新要求、新挑战这一突出问题。解决这些突出问题，必须通过文化观念的转变和以新的文化思想渗入到各项制度的具体实践中来实现。只有充分尊重并科学实践军营文化建设的内在规律和机理并不断深化改革，才能有效形成与新时代强军事业相匹配的现代性的军营文化。特别是，随着科学技术的发展，全球范围的军事变革不断加速，新军事理念、新军事装备、新军事人员素质的改变直接要求必须营造与之相适应的新时代军营文化。因此，加强新时代军营文化建设，必须遵循规律性、富于创造性，在科学遵循文化建设规律的基础上，始终按下改革的播放键，努力构建现代、先进、完善、创新的军营文化，不断推进人民军队政治生态重塑、组织形态重塑、力量体系重塑、作风形象重塑，为军队建设的全面进步提供良好的军营文化环境。

---

① 中央军委政治工作部．习主席国防和军队建设重要论述读本（2016年版）[M]．解放军出版社，2016:96.

② 中央军委政治工作部．习主席国防和军队建设重要论述读本（2016年版）[M]．解放军出版社，2016:96.

第四节 价值指向

任何文化中都蕴含着反映其本质、决定其发展方向和前景的根本价值指向。对于文化建设来说，越是能够有效地体现该文化中的价值指向，就越能集聚文化的活力和生命力；一旦文化建设偏离了该文化的核心价值，必然会丧失活力和生命力。正确把握新时代军营文化的价值指向，是军营文化建设的前提性、宗旨性问题，从习近平主席相关重要论述中可以看出，紧紧围绕强军目标，始终坚持政治指向、军事指向、社会指向、育人指向，构成了新时代军营文化建设价值指向的完整内容。

始终坚持听党指挥的政治指向。牢牢把握无产阶级军事领导权是马克思主义军事思想的核心问题，坚持中国共产党对人民军队的绝对领导是我军在历史实践中得出的科学真理，也是新时代包括军营文化建设在内的重要价值指向。习近平主席明确指出："无论时代如何发展、形势如何变化，我们这支军队永远是党的军队、人民的军队。全军要强化政治意识、大局意识、核心意识、看齐意识、坚决维护党中央权威，坚决贯彻党对军队绝对领导的根本原则和制度，坚决听从党中央和中央军委指挥。在这个重大原则问题上，头脑要特别清醒，态度要特别鲜明，行动要特别坚决，不能有任何动摇、任何迟疑、任何含糊。"[①] 新时代军营文化建设的鲜明政治指向就是要坚定树立军魂意识，毫不动摇坚持党对军队的绝对领导，巩固政治阵地、保证政治安全、维护政治利益、发展政治实力，为巩固党的执政地位、保证社会主义红色江山永不变色筑牢根基。正如习近平主席 2014 年在全军政治工作会议上指出，要加强马克思主义战争观和我军根本职能教育，解决好官兵为谁扛枪、为谁打仗，当兵干什么、练兵为什么等根本性问题。坚持听党指挥的政治指向，要求在军营文

---

① 在庆祝中国人民解放军建军 90 周年大会上的讲话 [R].
http://www.xinhuanet.com/politics/2017-08/01/c_1121416045.htm.2017.

化建设的过程中教育官兵自觉按照党性要求加强自身道德修养，通过学习和自我教育从内心深处产生对党的依赖感、信任感、责任感，从思想上与党的理论观点、路线方针、纲领准则保持一致，在行动上与党中央、中央军委保持一致，面对困难不出杂音立场坚定，坚决完成党交付的各项任务。习近平主席还指出："坚持坚定正确的政治方向，通过一系列体制设计和制度安排，把党对军队绝对领导的根本原则和制度进一步固化下来并加以完善。"[①]对此，新时代军营文化建设必须呼应时代所需，对体现我军根本性质的军委主席负责制、党委制、政治委员制、政治机关制等一系列根本制度不断完善创新，保证新时代军营文化的政治指向得以充分体现，并发挥其保证听党指挥的根基作用。从未来的发展看，无论战争形态如何演变、军队体制编制如何调整、军营环境如何变化，军营文化都必须矢志不渝的坚持马克思主义、坚持党对军队领导的鲜明政治指向。

始终坚持姓军为战的军事指向。能打仗是军队的根本职能，能打胜仗是体现军队价值的不二标准。习近平主席指出："军队建设必须把提高战斗力作为出发点和落脚点，向能打仗、打胜仗的要求聚焦。"[②]战斗力强弱是衡量一支军队价值大小的根本标准，没有完成使命任务的作战能力，不要说强军，连合格军队都谈不上。这就表明，新时代的人民军队肩负着实现中华民族伟大复兴的历史使命，能否保证我军在战场上招之即来、来之能战、战之必胜，既是战斗力的直接体现，又是新时代军营文化建设价值考量中必须体现的鲜明军事指向。2014年，习近平主席在全军政治工作会议上强调要把战斗力标准在全军牢固立起来，具体到军营文化建设中最重要的就是通过文化的力量赋予部队和官兵过硬的战斗精神和战斗本领，切实从实战出发，向战斗力看齐。一方面，要教育和引导官兵形成对有利于战斗力生成的思维意识、行为实践和制度设计的高度重视和一致认可，让提升战斗力由外在要求转化为内在需要和自身追求。另一方面，要在部队军事、政治、后勤、装备等各项工作中综合

---

① 以习近平同志为核心的党中央领导和推进强军兴军纪实之二 [N]. http://www.xinhuanet.com/politics/2017-08/30/c_1121571413.htm.2017.

② 军报文章：军改是决定军队未来关键一招 [N].
http://www.81.cn/jmywyl/2016-08/29/content_7228960.htm.2016.

体现先进军营文化的力量，在科学理念、制度规范、生活环境等各个方面向战斗力聚焦、向能打胜仗用力，通过发挥物质载体的基础性作用，以创新精神从数量和质量上实现武器装备和军营物质设施等的全面升级和高效配置。

始终坚持服务人民的社会指向。习近平主席强调军队要有军队的样子，这个样子既是战场上的样子，表现在能打仗打胜仗上；也是社会生活中展现于广大人民群众前的样子，表现为依靠群众、爱护群众、服务群众。我军是党领导下的人民军队，其根本宗旨是全心全意为人民服务。这就要求对我军进行评价不仅要看战场上的表现，还要看在社会中、在人民群众面前的表现，这也是新时代军营文化建设以社会指向作为价值评判的依据所在。在此方面，关键是要让官兵保持初心，清醒认识"为了谁，依靠谁"等问题，将能否贡献社会、服务人民群众作为新时代军营文化建设的重要价值考量。人类社会的历史无数次说明，决定战争胜负最深沉的力量来自人民。在我军初创时期，许多作战英勇的战士因为破坏群众纪律而受到严肃处理，正是基于对这一社会规律的深刻认识。在庆祝中国人民解放军建军 90 周年大会上，习近平主席指出："人民军队必须牢记全心全意为人民服务的根本宗旨，任何时候任何情况下都做人民子弟兵。"[①] 离开了广大群众，人民军队就失去了生存的根基。如果在社会上不能为树立起人民军队的"好样子"发挥作用，军营文化也就丧失了立命存在的根本价值。因此，新时代军营文化建设必须牢记全心全意为人民服务的唯一宗旨，传承人民军队的红色基因，继承发扬服务人民的光荣传统，时刻秉持热爱人民的价值追求，将维护群众利益、帮助群众解决困难作为军民交往中不变的思想共识和行为准则，始终做人民信赖、人民拥护、人民热爱的子弟兵。习近平主席指出："检验我们一切工作的成效，最终都要看人民是否真正得到了实惠，人民生活是否真正得到了改善，人民权益是否真正得到了保障。"[②] 这就表明，新时代军营文化建设成效必须以服务人民为重要标准进行检验。从现实考察出发，在军营文化建设中要

---

① 习近平. 在庆祝中国人民解放军建军 90 周年大会上的讲话 [R]. http://www.xinhuanet.com/politics/2017−08/01/c_1121416045.htm.2017.

② 习近平金句解读：检验一切工作成效的三个是否 [N]. http://www.wenming.cn/djw/djw2016sy/djw2016xxdj/201908/t20190813_5218782.shtml.2019.

大力开展我军性质宗旨教育。"我军从一开始就同人民形成了水乳交融、生死与共的新型军民关系，也就是军民鱼水情。"①新时代军营文化建设必须在坚持密切联系群众的实践中不断增进对人民群众的深切感情，始终保持爱人民、为人民的初心，时时处处向人民学习，与人民同呼吸、共命运、心连心，让与人民群众生死相依、荣辱与共的红色基因永远传续。其次要注重塑造军队威武之师、文明之师、和平之师的良好形象。军之所至、秋毫无犯，是我军赢得人民群众衷心拥护的重要原因。虽然新时代出现了一些新发展和新变化，但我们依然要大力弘扬我军这一优良传统，积极树立军民鱼水之情和遵纪守法的良好形象，让军营文化为维护人民军队服务人民的形象和威信作贡献。

始终坚持培养"四有"新人的育人指向。"以文化人"一直是文化的根本价值所在。每个时代的军人都生活在特定的时代背景中，必然会打上时代的烙印，受到特定的时代文化影响。在2014年召开的全军政治工作会议上，习近平主席强调，要着力培养有灵魂、有本事、有血性、有品德的新一代革命军人，从而标明"四有"就是新时代军营文化建设的育人指向。有灵魂就是要信念坚定、听党指挥，有本事就是要素质过硬、能打胜仗，有血性就是要英勇顽强、不怕牺牲，有品德就是要情趣高尚、品行端正。实现党在新时代的强军目标、建设世界一流军队需要大批新时代"四有"革命军人。对于新时代军营文化建设来说，就是要紧紧围绕习近平主席对培育"四有"新时代革命军人的总要求，充分发挥文化涵养人、教化人、激励人、成就人的强大育人功能。一是加强精神内环境的影响。在新时代军营文化建设中，大力宣传当代革命军人核心价值观和"四有"新时代革命军人内涵要求，筑牢广大官兵正确价值观基础，引导官兵坚定理想信念、端正价值追求、陶冶道德情操、砥砺意志品质，形成积极争做新一代"四有"革命军人的思维共识和情感认同。二是加强实践外环境的营造。新时代军营文化建设要将"四有"要求渗透到对官兵训练、学习、生活等一切活动中，既要注重运用各种手段营造争做新一代"四有"革命军人的浓郁氛围，又要注重把"四有"要求转化为制度机制，引导官兵自觉钻研本职

---

① 中央军委政治工作部.习近平关于国防和军队建设重要论述摘编[M].北京：解放军出版社，2011:31.

业务，掌握先进军事技术，苦练战斗本领，始终勤奋守纪，甘于牺牲奉献，用政治自觉、行为自觉与"四有"要求对标。

第五节　主要挑战

新时代军营文化建设面临的挑战是多方面的，既有精神层面的，又有制度行为层面的，还有物质载体层面的，但归根结底是精神层面的，尤其是意识形态层面的。意识形态是文化在精神层面的根本体现，直接影响国家、民族的发展命运。军队如果在意识形态上打了败仗，也必然打不了战场上的胜仗。习近平主席十分重视国家和军队意识形态工作，曾一针见血地指出，"如果从观念上来考察，那么一定的意识形态的解体足以使整个时代覆灭。"[①] "一个政权的瓦解往往是从思想领域开始的，政治动荡、政权更迭可能在一夜之间发生，但思想演化是个长期过程。思想防线被攻破了，其他防线就很难守住。我们必须把意识形态工作的领导权、管理权、话语权牢牢掌握在手中，任何时候都不能旁落，否则就要犯无可挽回的历史性错误。"[②] 意识形态的较量并不局限于特定的某一方面，而是体现在政治、经济、军事、文化不同领域的各项活动之中。进入新时代后，一些不怀好意的国家对我国、我军的意识形态攻击日益猛烈，习近平主席要求文化建设必须直面意识形态严峻挑战，牢牢掌握网络意识形态领域斗争主动权，打好意识形态主动仗。

一是受外部意识形态攻击的压力空前增大。习近平主席深悉世界政治格局，对我国所处的环境进行了科学判断："我们在社会制度、意识形态等方面都与西方国家完全不同，这就决定了我们同西方国家的斗争和较量是不可调和的，因而必然是长期的、复杂的、有时甚至是十分尖锐的。"[③] 在新时代中国特色社会主义文化建设大发展大繁荣的背景下，我军军营文化建设的总体环境是好的，占有很多有利的条件

---

① 马克思恩格斯全集（第 46 卷下册）[M]. 北京：人民出版社，1962:35.
② 中共中央文献研究室. 习近平关于社会主义文化建设论述摘编 [M]. 北京：中央文献出版社，2017:21.
③ 中央军委政治工作部. 习近平关于国防和军队建设重要论述摘编 [M]. 北京：解放军出版社，2011:51.

和因素，但也必须清醒地认识到越是整体形势向好，意识形态的斗争就越严峻。"随着我国经济总量日益逼近世界第一，一些西方国家的焦虑感进一步上升，必然会加大力度对我国实施西化、分化战略"①。打赢意识形态保卫战是新时代军营文化建设必须直面的一项重要挑战，从这几年敏感涉军事件来看，恶意炒作、极力抹黑、丑化和妖魔化军队的大量不实有害信息发布传播的背后，都有敌对实力的明暗支持，特别是自 2019 年 6 月以来发生在香港的极端事件可以看出，敌对势力可谓早有布局、长期经营，并以在一定范围具有相当威胁，"网络煽动""街头政治""暴力示威"已然成为其意识形态斗争的惯用模式，必须警惕这些问题所造成的影响在军营中潜伏渗透。

　　二是网络意识形态斗争的风险长期居于高位。习近平主席强调："网络意识形态安全风险问题值得高度重视。网络已是当前意识形态斗争的最前沿。掌握网络意识形态主导权，就是守护国家的主权和政权。"② 习近平主席深刻认识到意识形态争夺的关键在于网络意识形态的主导权掌握在谁手里，鲜明提出"互联网已经成为舆论斗争的主战场。……在互联网这个战场上，我们能否顶得住、打得赢，直接关系我国意识形态安全和政权安全。"③ 当前，互联网平台已成为军营文化生活的最主要渠道，手机、平板电脑等智能移动设备更是极大增强了官兵网络生活的便利度和依赖度，"指导员一堂课不敌互联网一句话"的现象已经不再是少数个例，必须引起高度重视。因此，加强网络阵地的争夺是新时代军营文化建设所直面的严峻挑战。关于如何应对网络意识形态挑战，习近平主席做出了一系列重要指示，从"把网上舆论工作作为宣传思想工作的重中之重来抓"④；"网络空间同现实社会一样，既要提倡自由，也要保持秩序。自由是秩序的目的，秩序是自由的保障"⑤；"本着对社会负责、对人民负责的态度，依法加强网络空间治理，加强网络内容建设。做强网上正面宣传，

①　中央军委政治工作部.习近平关于国防和军队建设重要论述摘编 [M].北京：解放军出版社，2011:76.
②　中共中央文献研究室.习近平关于社会主义文化建设论述摘编 [M].北京：中央文献出版社，2017:36.
③　中共中央文献研究室.习近平关于社会主义文化建设论述摘编 [M].北京：中央文献出版社，2017:28.
④　中共中央文献研究室.习近平关于社会主义文化建设论述摘编 [M].北京：中央文献出版社，2017:29.
⑤　中共中央文献研究室.习近平关于社会主义文化建设论述摘编 [M].北京：中央文献出版社，2017:37.

培育积极健康、向上向善的网络文化"①;"要深入开展网上舆论斗争,严密防范和抑制网上攻击渗透行为,组织力量对错误思想观点进行批驳"② 等要求来看,能否打赢互联网上的意识形态攻防战,已经成为决定新时代军营文化建设成败的严峻挑战。

三是舆论宣传阵地局部受到的冲击愈加强烈。习近平主席鲜明指出,搞好意识形态工作一定要增强阵地意识,"宣传思想阵地,我们不去占领,人家就会占领。"③ 部队官兵来自社会,即使身处军营,依然受到社会舆论的深刻影响。随着时代的进步和信息技术的快速发展,人们获取信息的渠道、需求和习惯也发生了显著的变化,主流媒体影响力出现不同程度的下降,一些新兴媒体特别是自媒体的影响力显著提升。从当前我国社会舆论环境来看,宣传阵地杂音频出、鱼龙混杂,一些迷信、盲目崇拜"西方"的思想开始集中冒头,一些理想信念陷落的所谓公知、大咖,别有用心的利用手中的舆论资源攻击我国政治体制、宣扬西方价值观、刻意夸大社会矛盾、甚至通过造谣等恶劣手段激化不明真相的民众对国家、政府的不满情绪,妄图浑水摸鱼、乱中得利,客观上造成了当前舆论阵地局部失守的不利局面,也在一定程度上扰乱了部队官兵的思想。面对这一挑战,习近平主席一针见血地指出:"新闻舆论工作理念、方式、手段还没有跟上,管好用好新媒体能力还不够强。……一些媒体还是按照老办法、老调调、老习惯写报道、讲故事,表达方式单一、传播对象过窄、回应能力不足,存在受众不爱看、不爱听的问题,时效性、针对性、可读性有待增强。"④ 对于新时代军营文化建设而言,如何应对社会负面舆论的冲击,是必须引起足够重视的严峻挑战。

① 中共中央文献研究室. 习近平关于社会主义文化建设论述摘编 [M]. 北京:中央文献出版社, 2017:50.
② 中共中央文献研究室. 习近平关于社会主义文化建设论述摘编 [M]. 北京:中央文献出版社, 2017:30.
③ 中共中央文献研究室. 习近平关于社会主义文化建设论述摘编 [M]. 北京:中央文献出版社, 2017:30.
④ 中共中央文献研究室. 习近平关于社会主义文化建设论述摘编 [M]. 北京:中央文献出版社, 2017:39.

第六节　现实抓手

文化建设是一项系统工程，其中既包括科学理论、思维方式等精神层面的创新发展，也包括文化产品、文艺活动等行为、物质层面的发明创造。新时代军营文化建设究竟如何抓，着力点在哪里，习近平主席的相关重要论述做出了明确回答，即加强新时代军营文化建设应将新时代军营文化体系建设、新时代军营文艺建设、新时代军营网络文化建设作为重要着力点。

以新时代军营文化体系建设为抓手。习近平主席在谈到坚持走中国特色社会主义文化发展道路时，鲜明指出要加强文化体系建设，这是"物质文明和精神文明均衡发展、相互促进的结果"①，并多次提到了加强社会公共文化体系建设的重要性。从中我们可以看出，随着文化建设作为国家发展战略地位的确定，构建完善、系统、多维度、多层次的文化体系，已经成为推进我国各领域文化建设快速发展的关键举措。对于新时代军营文化建设而言，也应在实践中体现习近平主席的这一部署，立足高站位大视野，统领融会的发挥精神文明成果和物质文明成果的价值，调整构建新时代军营文化体系。其一，要注重用革命军人核心价值观、特别是新时代"四有"革命军人标准加强官兵价值观和精神力培育；其二，要以彰显新时代实践特征和要求的执行规范加强官兵行为模式和习惯的养成；其三，要用科学先进的完整制度体系加强军营制度文化氛围和机制的效力；其四，要用代表时代文明成果、具有鲜明文化元素特征的物质载体巩固文化建设的根基。

以新时代军营文艺建设为抓手。习近平主席指出："文艺是时代前进的号角，最能代表一个时代的风貌，最能引领一个时代的风气。"②"在文化建设中，文艺是人类

① 中共中央文献研究室.习近平关于社会主义文化建设论述摘编[M].北京：中央文献出版社，2017:4.
② 习近平：在文艺工作座谈会上讲话[R].
http://www.xinhuanet.com/politics/2015–10/14/c_1116825558.htm.2015.

文明最引人注目的文化表征，是铸造灵魂的工程，改造国人精神世界的利器。"① 文艺以其独特优势能够生动表达出文化内涵的精神和思想，对新时代军营文化建设而言，以大量优秀军旅题材文艺作品为载体传播军营价值观、满足官兵文化需求，是巩固和发展我军军营文化的重要抓手。首先，在军营文艺作品的创作中要始终以官兵为中心，尊重官兵主体的首创精神，找准官兵的感触点、兴奋点、关切点，扎根军营生活、贴近部队实际、反映官兵心声，用吸引人、启发人、感动人的文化作品营造新时代军营文化的浓郁氛围。其次，要培养一支高水平专业人才队伍。习近平主席指出："要把文艺队伍建设摆在更加突出的重要位置，努力造就一批有影响的各领域文艺领军人物，建设一支宏大的文艺人才队伍。"② 对于这支人才队伍的建设，习近平主席提出了明确的要求和标准，"文艺工作者要自觉坚守艺术理想，不断提高学养、涵养、修养，加强思想积累、知识储备、文化修养、艺术训练，努力做到'笼天地于形内，挫万物于笔端'。除了要有好的专业素养之外，还要有高尚的人格修为，有'铁肩担道义'的社会责任感。……努力以高尚的职业操守、良好的社会形象、文质兼美的优秀作品赢得人民喜爱和欢迎。"③ 对于军旅文艺工作者来说，必须要以"德艺双馨"为标准成为时代风气先觉者、先行者、先倡者，真正创作出有筋骨、有温度、有血性的优秀作品④，为广大官兵奉献丰盛的文化大餐。

以新时代军营网络文化建设为抓手。习近平主席指出，政治工作过不了网络关，就过不了时代关。这一深刻判断既是针对政治工作说的，从某种意义上讲也是针对新时代军营文化建设说的。随着信息化的不断发展，互联网技术和新媒体已经颠覆性改变了人们获取信息认知世界的方式，网络生活已经成为官兵文化生活的主要形式。对此，应适应时代要求以网络文化建设作为新时代军营文化建设的重要抓手。

① 叶小钢. 新时代社会主义文艺的旗帜和方向 [N]. 光明日报，2018-5-2（6）.

② 习近平：在文艺工作座谈会上讲话 [R].
http://www.xinhuanet.com/politics/2015-10/14/c_1116825558.htm.2015.

③ 习近平：在文艺工作座谈会上讲话 [R].
http://www.xinhuanet.com/politics/2015-10/14/c_1116825558.htm.2015.

④ 颜晓峰. 用先进军事文化涵养教化新一代革命军人 [J]. 解放军艺术学院学报，2015（02）:100-103.

首先，要教育引导官兵形成区别于社会和一般群众的军营网络文化观，在面对各种思想的不同观点时始终划清是非界限，站稳政治立场，在思想上自觉辨别过滤有害信息，在行动上坚决抵制错位观点和行为。其次，适应新一代官兵认知特点改进网络设备使用方法。在面对互联网和官兵上网需求的问题上要摒弃以往只重"堵"和"禁"的管理思想和粗暴方法，以"疏"和"控"的适度规定在使用上满足官兵正常需求。再次，既要保障官兵网络生活的合法权益，也要依法构建良好的网络秩序。正如习近平主席所说："网络空间同现实社会一样，既要提倡自由，也要保持秩序。自由是秩序的目的，秩序是自由的保障。"① 要依法加强对网络平台的管控力度，结合军营的特点和有关规定在网络环境、网络信息、网络传输等方面进行技术控制，让不良信息和错误观点跳不出监管的防护网，不断提高网络意识形态战的对抗能力。

习近平关于社会主义文化建设重要论述和习近平强军思想中，蕴涵着丰富的新时代军营文化建设内容，系统明确了新时代为什么要建设军营文化、建设什么样的军营文化、怎样建设军营文化等基本问题的答案。习近平主席关于新时代军营文化建设的论述，是习近平主席着眼实现党在新时代强军目标、建设世界一流军队的长期思考、战略谋划和创新思想结晶，既继承前人，与毛泽东、邓小平、江泽民、胡锦涛关于军营文化建设的思想一脉相承，又突破陈规，根据新时代新情况新特点做出了许多新发展新创造；既有宽广的世界眼光和全球意识，又立足中国国情军情，重实际、说实话、求实效；既坚持运用马克思主义立场观点方法分析问题，又善于借鉴吸收现代思维科学、系统科学、文化学解决问题，为新时代军营文化建设指明了正确方向、提供了根本遵循。

---

① 中共中央文献研究室.习近平关于社会主义文化建设论述摘编[M].北京：中央文献出版社，2017:37.

第三章

历史镜鉴：我军军营文化建设的发展历程

　　自有军队出现，就有了军营文化。我军从创建之初就是一支不同于旧式中国军队的新型人民军队，坚持党对军队的绝对领导、全心全意为人民服务是我军的军魂和宗旨，这是历史上任何时期的中国军队所没有过的，也是我军永恒不变的文化底色。回顾历史，在进入新时代之前，我军军营文化发展主要经历了革命战争阶段、社会主义建设阶段、改革开放阶段三个时期，重温这段光辉历程，对把握我军军营文化建设的总体脉络，总结经验教训，积极推进新时代军营文化建设具有重要价值。

　　军营文化建设是关于军队内部诸要素有效合成的实践活动，九十多年的发展中，我军军营文化在不同阶段各有侧重的确立了不同建设主题，有重点、有计划的分段实现了我军特色军营文化系统的构建，并在此过程中创造形成了丰富多彩的军营文化建设成果。依循本书按照系统论观点研究的方法，在回顾总结中也分别从精神模块、行为模块、制度模块和物质模块四个方面进行梳理，通过对各组成部分的独立分析来反映不同阶段军营文化建设的整体面貌。

第一节　革命战争阶段：开创奠基期

　　这一阶段的时间跨度是从我军创建一直到新中国成立之前，经历土地革命战争、抗日战争和解放战争时期。建军之初，刚刚诞生的人民军队所面临的一个重要任务，就是要打破旧军队的文化陋习，建立起与先进军队相适应的新型文化。当时军队力量薄弱，同时又面临着十分严峻的生存环境和残酷的战斗任务，长期处于难以形成集中统一指挥和管理的状态，不可能扎根某地长期建设。因此，在时空上当时的军营不像今天这样具有长期性和稳定性，而是处于一种不断转移的动态之中，军队驻扎的地方和军人聚居的地方都可以在当时被视为军营。从文化系统的构成要素看，这一阶段我军面临战争和生存的双重考验，军营文化建设适应历史要求表现出浓郁的战争特色，在中国共产党领导下对各种落后、陈旧建军思想进行斗争和清理，最终确立了马克思主义在军营文化中的指导地位，并在其指引下，完成开创奠基军营文化的任务。

一、精神模块建设：奠定信仰之基，灌注建军之魂

对于任何军队来说，军营文化建设最重要的是核心价值观的确立，形成高度统一的价值观念、政治理念、理想信念等精神内容，这在任何时候都不是一件容易的事。建军之初，我军作为一支新型人民军队，不仅面临"初生期"不可避免的诸多困难，还直接面对国内外强大敌人在战场上的残酷考验。在极其困难的情况下，我军军营文化建设实现了官兵在精神层面的破旧立新，将共产主义信仰、党指挥枪的要求、为人民服务的宗旨等深植于官兵心中，激发出不可阻挡的爱国精神、革命精神和战斗精神，为我军军营文化铸就了特色鲜明的精神烙印，堪称军事史乃至人类史上的奇迹。

这一阶段精神模块建设的重点集中在三个方面。一是确立共产主义信仰和马克思主义思想的指导地位。向官兵灌输马克思主义的思想理论是当时军营文化建设中一项重要任务。我军由中国共产党缔造，一经诞生就在中国共产党的领导之下，以马克思主义作为指导思想和行动指南，这一理论上的先天优势在旧式军队中是从未有过的。马克思主义是先进的思想理论，但对于当时文化落后的中国来说，官兵受封建思想、小农思想等影响价值观混乱，革命觉悟普遍不高。对此，在《古田会议决议》中开宗明义指出"红军第四军的共产党内存在各种非无产阶级思想，这对于执行党的正确路线，妨碍极大。若不彻底纠正，则中国伟大革命斗争给予红军第4军的任务，是必然担负不起来的。"[①] 二是确立党对军队绝对领导的军魂。确立党对军队绝对领导的经过充满曲折，虽然自南昌起义我军就明确提出"党的组织是一切组

---

① 毛泽东选集（第1卷）[M].北京：人民出版社，1964:83.

织的根源"①,"党的作用高于一切"②,但受错误思想和战斗失利等诸多因素的影响,一直经受曲折,直到三湾改编才从思想上到制度上最终确立,在生死攸关的关键时刻为我军找到了立军之本和力量之源。"三湾改编,实际上是人民军队的新生,正是从这时开始,确立了党对军队的领导。当时,如果不是毛泽东同志英明地解决了这个根本性的问题,那么,这支部队便不会有政治灵魂,不会有明确的行动纲领,旧军队的习气,农民的自由散漫作风,都不可能得到改造,其结果即使不被强大的敌人消灭也只能变成流寇。"③三是确立全心全意为人民服务的宗旨。在完成以上两项任务的基础上,全心全意为人民服务的宗旨意识成为全军共识,在坚定革命信仰的引领下,我军在战争行动和日常军事训练中创造出了独具特色的革命乐观主义精神、艰苦奋斗精神、英勇顽强的战斗精神、作风严谨的纪律意识等精神品质,反映了当时的主流价值导向和官兵积极昂扬的精神面貌,成为我军军营文化的鲜明品牌。

二、行为模块建设：根植育人之道，研练胜战之法

立足当时的现实情况,初创时期的人民军队文化建设必须直面两个严峻的问题。一是统一官兵的思想认识,牢固确立马克思主义理论的指导地位,打造一支精神面貌焕然一新的新型军队。二是在形势不利、武器装备落后、敌强我弱的残酷交锋中找到正确的作战方式,不断提高官兵能力素质和行为养成,建立敢打必胜的战斗自信。

我军自诞生之日就是不同于旧军队的新型军队,这种"新"既反映在思想观念上,更体现在行为养成中。相对于旧式的军队,我军开展了一系列符合当时实际、针对性强、卓有成效的军营行为养成训练。坚持以思想政治教育为主的政治训练。从整个革命战争时期的全过程来看,毫不动摇地坚持开展党的政策教育、纪律教育、作风教育、从始至终都是我军思想政治教育的主要内容,形成了我军军营文化中行

---

① 《中央政治通讯》第 16 期（1927 年 12 月 21 日）.原件存国防大学图书馆.
② 《中共中央通讯》第 13 期（1927 年 10 月 24 日）.原件存国防大学图书馆.
③ 肖裕声.中国共产党军队政治工作史 [M].北京：军事科学出版社,2011:139.

为建设的鲜明特色。在当时的情况下，我军官兵的文化水平普遍不高，文盲半文盲比例占有很大比例。因此，这一时期我军的思想政治教育十分注重将理论与生活实际相结合，力求将深刻的思想和道理转化为生动浅显的形式教育官兵。除组织专门的课堂教育外，还在训练间隙、集会点名、行军途中、参与群众活动等各种场合创新开展思想政治教育，毛泽东等党和军队的领导同志还经常通过组织会议、发表演说、撰写文章等形式参与其中。为了配合思想教育工作，当时在红军中还创办了《红星》报、《战士报》《红色战场》《红炉》等报刊，这些报刊既把党的战略方针和中心任务及时传达给广大指战员，又起到了增强官兵政治觉悟、提高文化素质、活跃军营文化生活的积极作用。长期坚持政治教育在官兵头脑中有效确立了无产阶级思想和听党指挥的思想，正如毛泽东同志在《井冈山的斗争》一文中所指出："经过政治教育，红军士兵都有了阶级觉悟，都有了分配土地、建立政权和武装工农等项常识，都知道是为了自己和工农阶级而作战。因此，他们能在艰苦的斗争中不出怨言。"①当时，我军虽然在物质力量上还明显不足，但在革命信念、战斗意识等精神力量方面已然属于世界一流军队。锻炼务实的作战风格和方式。面对武器装备落后的现实状况，我军探索创新了一整套行之有效的作战理念和模式并融入官兵的训练细节中，在战争的不同阶段和面对不同对手时，实事求是的采取灵活多样的作战形式，实现了战术思维和军事行动上的高度一致。例如，土地革命时期"敌进我退，敌驻我扰，敌疲我打，敌退我追"的作战原则，抗日战争时期正面战场实行"高度的运动战"和敌后战场实行"基本的是游击战，但不放松有利条件下的运动战"的作战思想方针，解放战争时期战略防御阶段"集中优势兵力，各个歼灭敌人"战略方针和转入战略进攻阶段的"十大军事原则"等都是其生动表现，鲜明反映了当时我军的战争文化观。积极组织群众性娱乐生活。建军之初，虽然我军很多部队还没有相对固定的营区，但以军人集体为对象、在军人聚居和活动的地方开展文化性活动却开展得如火如荼。革命战争年代我军物质条件匮乏，再加上残酷战争对官兵身心的折磨，部队中很容易出现士气低落、意志消沉等思想问题，严重影响凝聚力和战斗力。

① 毛泽东选集（第1卷）[M]. 北京：人民出版社，1964:63.

为了解决这些问题，我军有针对性地开展了一系列官兵喜闻乐见、积极参与的文化娱乐活动。这些活动内容丰富、形式多样，既有戏剧、秧歌等传统艺术，也有球类、舞会等现代游艺活动，官兵自己原创的歌谣《毛委员和我们在一起》《永远跟着朱毛走》口口相传，在军营中广泛流行。由于官兵对戏剧的喜爱，不少红军部队还建有剧社，演出歌舞、京剧和话剧等节目。在当时物质供给不足的情况下，丰富的文化活动极大地满足了官兵精神需求，对帮助官兵坚定意识、调节生活、缓解压力、鼓舞士气发挥了积极作用。

三、制度模块建设：垂范兴军之制，熔铸战力之本

在军营文化的建设中，通过制度的规范和约束使官兵形成特定的思维习惯和行为实践，是文化生成过程中不可或缺的重要环节。作为一支以马克思主义为指导、为人民而战的新型军队，在中国军队的制度传统中并没有与之匹配的内容。因此，革命战争时期我军的制度规定多是照搬苏联红军，在此基础上结合中国革命发展的现实情况和独有特点不断调整，逐渐构建起具有我军特色的制度体系。涉及编制、作战、政治、后勤等方方面面。

从当时的任务形式和主要矛盾看，理顺和确立三种关系，形成新型的制度规范是当时我军军营文化制度模块建设的主要内容。一是重新定义党和军队关系，确立党领导军队的制度。我军是一支区别于一切剥削阶级军队的受无产阶级领导的新型人民军队，为了始终立场鲜明的维护和捍卫无产阶级利益，新型的军队必须有新型的领导制度。中国共产党作为以马克思主义为行动纲领的无产阶级政党，是中国无产阶级的先进代表，实现中国共产党对军队的领导就是实现无产阶级对军队的领导。因此，中国共产党独创性地建立了党对军队绝对领导这一新型军事制度，通过在军队中设置的各级组织形成领导中枢，使党成为军队团结统一的核心。经过南昌起义"党的组织是一切组织的根源""党的作用高于一切"等原则的奠基，"三湾改编"支部建在连上等措施的改造、古田会议以党的决议形式实现确立的定型，1932年9月21日颁布的《关于红军中党的工作的训令》中首次就党与军队的关系用了"绝对

领导"的表述，一种新型的政党与军队关系在我军实现了制度化确立，使中国几千年来兵权私有的积弊为之一扫，军队真正成为为国家和民族利益而战斗的工具，实现了中国军事领导制度的伟大变革。自此，党对军队的绝对领导成为我军永远不变的基本军事制度和鲜明文化特色。二是重新定义军队内部关系，确立人民军队的民主制度。我军官兵之间是因为阶级利益和共同奋斗目标走到一起的，不是雇佣式的旧军队，也不靠拉壮丁强拉硬拽。早在"三湾改编"时，毛泽东同志就明确提出"革命自愿"的原则，从而为我军构建民主平等的内部关系奠定了坚实基础。建军初期，一些军官军阀主义作风严重，随意打骂士兵、侮辱士兵，为部队内部团结造成了严重的隐患。为废除军阀作风和各类不良习气，实行官兵平等的内部关系，我军通过教育和制度规定明确指出官兵之间只有职务的区别，没有阶级的分别，要坚决废除肉刑，禁止辱骂，"在部队内要实行民主制度，官长不准打士兵，废除烦琐的礼节，士兵有开会说话的自由。连队经济公开，官兵待遇平等，吃一样的饭，穿一样的衣服。"[①]古田会议的召开规定了正确处理官兵关系的原则和方法。决议指出，红军"官兵之间只有职务的分别，没有阶级的分别，官长不是剥削阶级，士兵不是被剥削阶级"[②]。同时明确规定了"坚决废止肉刑""废止辱骂"和"优待伤病兵"的三项原则。经过不断巩固发展，民主平等成为我军军营文化的鲜明特征，对此毛泽东同志曾形象的指出："红军的物质生活如此菲薄，战斗如此频繁，仍能维持不敝，除党的作用外，就是靠实行军队内的民主主义。官长不打士兵，官兵待遇平等，士兵有开会说话的自由，废除烦琐的礼节，经济公开。士兵管理伙食，仍能从每日五分的油盐柴菜钱中节余一点作零用，名曰'伙食尾子'，每人每日约得六七十文。这些办法，士兵很满意。尤其是新来的俘虏兵，他们感觉国民党军队和我们军队是两个世界。他们虽然感觉红军的物质生活不如白军，但是精神得到了解放。同样一个兵，昨天在敌军不勇敢，今天在红军很勇敢，就是民主主义的影响。红军像一个火炉，俘虏兵过来马上就溶化了。中国不但人民需要民主主义，军队也需要民主主义。军队内的

---

①　肖裕声.中国共产党军队政治工作史 [M]. 北京：军事科学出版社，2011:139.

②　中国人民解放军政治学院政治工作教研室.军队政治工作历史资料（第 2 册）[M].1982:216.

民主主义制度，将是破坏封建雇佣军队的一个重要的武器。"① 从军长到伙夫，无论吃穿都一样，实现官兵一致的民主平等的内部关系是我军先进文化的本质体现，也是我军区别于旧式军队的重要标志。美国记者斯诺在《红星照耀中国》中写道："最使人感兴趣的是红军所办的墙报，里面有黑栏（批评栏）和红栏（表扬栏）。在红栏中，人们称赞个人或者集体的勇敢、无私、勤劳和其他美德；在黑栏中，同志之间互相批评，并指名道姓地批评他们的军官"，"军队里任何一个战士都可以直接向总司令告状——而且也常常这样做。"② 三是重新定义军队和人民群众关系，确立了军民一致的制度。除了国家、人民的利益外，我党我军没有任何自身的特殊利益。我军从小到大、由弱到强的成长历程离不开人民群众的支持，一切为了群众、一切依靠群众、全心全意为人民服务是我军的根本宗旨，也是区别于其他军队的显著文化标志。过去的中国军队是服务于统治阶级利益的，不可能真正与人民站在同一战线。而我军自诞生之日就与广大人民群众天然存在着不可分割的血肉联系，由此诞生出中国历史上不曾出现过的新型军民关系。为了不断巩固发展这一新型关系，我军在制度层面给予了充分强化，从"三大纪律八项注意"开始不断出台的一系列有利于密切群众联系的制度规定换取了人民群众的广泛支持。在解放战争时期的三大战役中，仅支前民工，辽沈战役有 160 多万，平津战役 154 万，淮海战役高达 540 多万，如果把运粮小车排成五行，可以从北京一直排到南京。对此，陈毅曾深情地说，淮海战役的胜利是人民群众用小车推出来的。我军和人民群众间血肉相连的密切关系，让不少当时前来采访的中外记者深深敬佩。爱卜斯坦在给《纽约时报》的长篇通讯中写道："八路军从不拿群众一针一线，而且每一个八路军的单位都有责任训练人民自卫技能并能在敌军入侵时掩护妇女儿童撤往山里或秘密地道。这就不难明白，为什么这些地区的人民深信：抵抗（而不是投降）不但是一项广泛的爱国义务，并且也是为他们自己的社会集体所作的最佳选择。"③ 当时美军观察组的戴维斯在 1944 年 11

---

① 毛泽东选集（第 1 卷）[M]. 北京：人民出版社，1964:63.

② 电影《红星照耀中国》背后 | 在延安，斯诺看到了怎样的"东方魔力"？. http://www.ccdi.gov.cn/toutiao/201907/t20190726_197830.html.2019.

③ 七七事变精神坐标：中国自强之志达到顶峰 [N].
http://mil.news.sina.com.cn/2010−07−07/1110599584.html.2010.

月 7 日的报告中写道："（共产党）他们生存下来了，并且壮大了。具有这种显著的生气和力量的原因，是简单而又基本的，即是群众的支持和群众的参加。共产党的政府和军队，是中国近代史中第一次受有积极的广大人民支持的政府和军队。他们得到这种支持，是因为这个政府和军队真正是属于人民的。"[①]新型的军民关系不仅赢得了人民群众的衷心支持和拥护，也激发了人民群众争取自身解放的历史自觉，成为我军军营文化先进性的重要特征和光荣传统。

四、物质模块建设：着眼战时之急，直击解困之要

任何文化总是通过一定的物质载体而体现，仅研究精神层面而忽略了物质层面的文化要素，是不能全面地反映文化建设全部面貌的。发挥军营文化的精神影响力必须以物质载体作为现实支撑，倘若没有稳定可靠的物质载体保证，再强大的精神引领也容易成为失去基础的空中楼阁，难以保持长期的生命力。受制于革命战争时期的困难环境和复杂因素，承载我军军营文化的物质载体和物质条件方面与日军、国民党军队等主要对手比较差距明显。在此情况下，我军立足现实形成了提倡艰苦朴素、自给自足，"骨干在军，主体在民"的"人民战争"式的军营文化物质模块建设模式，不仅很好地克服了自身保障力量薄弱等困难，还空前动员了广大人民群众，形成了革命战争年代我军军营文化物质载体特色。

这一时期我军形成了特色鲜明的保障理念和实践模式，不仅实现了对各类物资的高效利用，更是通过一系列先进思想确立了立足自身、先人后己、艰苦朴素的军营物质文化风尚。一是坚持从战场获取物资，形成以战养战的物质载体特色。在战争年代，面对物质匮乏的现实情况，除了自我保障的形式外，我军获得物资补充的另一个重要途径，就是从战场上缴获敌方的物资装备用于补充己方所需。对此，毛泽东同志早在 1931 年就鲜明提出"红军各部队的军械与军需（粮秣被服）之补充，

---

① 抗战期间海外人士眼中的中国共产党 [N].
http://www.haijiangzx.com/2018/0629/1980905.shtml.2018.

主要的夺自敌人。"① 根据这一指导思想，我军在战场上收获颇丰，一定程度上有效弥补了与敌方在各类物资，特别是武器装备上的差距，这从五次反"围剿"胜利的缴获品统计中可以清楚看到（如图 3.2）。在取得抗日战争的胜利后，我军更是将这一思想总结为我军的"十大军事原则"之一，1947 年再次强调称"以俘获敌人的全部武器和大部人员，补充自己。我军人力物力的来源，主要在前线。"② 从解放战争结束时我军缴获国民党军队的弹药统计数据来看，可以说国民党当局退守台湾后为我军留下了一笔可观的军备"遗产"（如图 3-3）。纵观整个革命战争时期，正如歌曲《游击队之歌》所唱的"没有枪没有炮，敌人给我们造"一样，坚持从战场获取物资以战养战，成为我军后勤建设的重要形式，也成为我军军营文化建设的物质载体基础。二是坚持自给自足和发动群众，形成寓军于民的物质载体特色。面对土地革命战争时期敌强我弱的不利局面和封锁状态，我军在各类物资极度匮乏的情况下，通过积极投身农业生产、畜牧养殖、被服制造、经济贸易、建立具有一定规模的兵工厂等活动，我军在各类物质保障品的供给方面逐步显著提升，从建军之初连统一的军装都没有，到战争结束时可以在全军大多数官兵配发制式冬季棉衣（如图 3.4），我军开创了一种自给自足完成物质保障的成功经验做法，为我军军营文化物质模块建设奠定了关键基础。与此同时，我军还坚持贯彻群众路线，一方面发动群众支援部队，另一方面又积极帮助群众进行生产活动。1932 年，在《中央关于动员群众参加革命战争执行后方工作的问题给苏区各级党委的指示信》中，明确提出要将发动群众通过向部队供给粮食、收集子弹给红军、节省费用援助红军等方式积极援助红军。在人民群众的支援下，我军取得了一个又一个的胜利，面对淮海战役中部队打到哪里，人民群众就支援到哪里的震撼场面，陈毅曾深情地说："淮海战役的胜利，是人民群众用小车推出来的。"在获得群众支援的同时，我军也坚持积极援助群众，无论多么困难的情况，我军也不忘帮助群众解决困难、减轻负担、保护利益，在军民之间血浓于水的情感不断凝练的同时，也获得了我军军营文化中不可战胜的独特法宝。三

---

① 中共中央致红军的训令 .http://www.51vv.com/military/files/92977.shtml.2020.

② 毛泽东军事思想 .http://www.wendangku.net/doc/1880bbf6a8114431b80dd87d.html.2020.

是坚持没有特权的供给分配，形成官兵一致的物质载体特色。为克服旧军队在经济生活和内部关系上的弊端，我军在军营生活中强调发扬艰苦朴素的生活作风，在供给保障上要求不搞特殊官兵一致，在文化上形成了我军的独特优势和重要力量之源。我军的主要领导在艰苦朴素方面常常以身作则，为官兵们树立了良好的榜样。比如，抗日战争时期爱国华侨陈嘉庚在重庆时蒋介石用了 800 大洋摆了一桌对其款待，而在延安毛泽东同志则用亲手栽种的蔬菜和邻居送来的一只母鸡招待。陈嘉庚由此把国民党"前方吃紧、后方紧吃"的糜烂生活和共产党"勤俭朴素、乐观诚挚"的生活作风做比较，断言称"得天下者，共产党也！"美国记者斯诺在《红星照耀中国》中也曾有过相似的描述："毛泽东住在简陋的窑洞里，穿的是打了补丁的衣服，吃的是小米饭和辣椒土豆丝；周恩来睡在土炕上；彭德怀穿的背心是用缴获敌人的降落伞做的；林伯渠的耳朵上用线绳系着断了一只腿的眼镜……红军大学学员把敌人的传单翻过来当作课堂笔记本使用……他们坚忍卓绝，任劳任怨，是无法打败的。"[1] 在那个物资极度匮乏的年代，正是有了这种被称为"东方魔力"的精神，才有了我军在直面强敌时的无往不胜。同时，在相比对手物资条件全面落后的情况下，我军通过精神信仰教育有效转变了官兵面对物质利益时的文化观念，用强大的精神感召弱化了物质条件对官兵行为决定的影响。革命战争时期，我军将从思想上改造官兵作为一项重要工作，在物质条件远逊于对手的情况上，却培养出了无数英勇顽强的革命战士。这一点从"解放战士"身上可以看到生动写照。例如，作为一名被俘的国民党战士，王克勤在我军的教育感化下长期缺少关爱的精神需求得到满足，在一次重病康复后由衷感慨道"共产党军队的长官和弟兄们对我这么好，胜过爹娘，我要是在国军里得了这个病，非死不可，我决心在八路军干到底了！"[2] 对此，习近平主席深刻指出："我军历来强调官兵一致，在政治上完全平等，在生活上同甘共苦，形成了区别于旧军队的新型官兵关系。军队就像一个大熔炉，把农民、旧军人、俘虏

[1] 电影《红星照耀中国》背后 | 在延安，斯诺看到了怎样的"东方魔力"?. http://www.ccdi.gov.cn/toutiao/201907/t20190726_197830.html.2019.
[2] 他是从国民党军中俘虏过来的解放战士，牺牲后刘邓首长联名发去唁电. https://www.sohu.com/a/318976797_120044037.2019.

兵熔化改造成为英勇的革命战士。在国内革命战争期间，有成百万的国民党军队士兵在我军教育下掉转枪口，反过来打蒋介石。他们亲身感受到人民军队好，与国民党军队是两重天。"①

第二节　社会主义建设阶段：拓展成熟期

新中国建立后，随着全面战争的结束，军队的发展方向、建设目标和要求等各方面都发生了明显变化，我军逐渐转入国防军的正规化建设阶段。与之相适应，相对于革命战争时期我军军营文化也有了新的发展，各构成模块的建设水平均有显著提升：精神模块中不断注入新的内容，行为模块有了新的侧重，制度模块越来越表现出科学性和现代性，物质模块实现极大改善。

一、精神模块建设：坚定价值之信，深谙转型之责

具有强大的精神力量是我军在战火中淬炼出的可贵品质，永远传承这一力量是我军文化建设中时刻不能松懈的重要任务。相对于革命战争时期，社会主义建设时期对官兵的马列主义理论水平、政治思想水平、科学文化水平都有了更高的要求。随着中国特色社会主义建设的不断发展，我军军营文化建设也与时俱进，不断用先进思想和党的创新理论武装官兵，逐步实现并巩固形成了与和平发展时代主题相呼应的精神内容。

在不断强化军魂意识的基础上，这一时期在精神模块中突出加强三个方面的建设。一是广泛开展马克思主义理论学习巩固意识形态。相比于革命战争时期，这一时期我军有了更好的条件和环境来对马列主义、毛泽东思想进行系统学习。1951年1月，原总政治部下发《关于一九五一年部队政治教育的指示》，首先在干部中开展学习马列主义和毛泽东思想的运动，要求全军干部按照文化程度和理论水平的高低

---

① 习近平国防和军队建设重要论述选编（二）[M]. 北京：解放军出版社，2015:91.

分编为初级、中级、高级班进行系统学习。1956 年原总政治部又颁布新的理论学习制度，对不同级别的干部学什么、学多少、怎么学又有了明确规定。例如："少校以上军官，一般在 5 年内必须学完中共党史、苏共党史、政治经济学与经济问题、辩证唯物论和历史唯物论、党的建设 5 门课程；其中一部分政治理论水平较高的少将以上军官，可主要学习政治经济学、辩证唯物论和历史唯物论两门课程，要求在两年内学完。大尉以下的军官，一般要求在三年内学完政治常识、理论常识、党的基本常识的 3 门课程。每个军官每年一般要学完一门课程。学习 5 门或 3 门理论课程的军官，必须具备初中毕业水平，凡事没有达到这个水平的军官以学习文化为主，具备初中水平以后再参加正规的理论学习。"[1] 从 20 世纪 50 年代中期开始，我军又开展了群众性的学习马列主义、毛泽东思想活动，《毛泽东选集》《毛泽东著作选读》《毛泽东同志论人民战争与人民军队》等普及性刊物的出版，对这一活动产生了极大推动。通过对马列主义和毛泽东思想的系统学习，部队官兵的政治素质有了新的提升，解决现实困难的能力明显增强，理论落后于实际的状况显著改善，在意识形态上更加坚定地确立了马列主义和毛泽东思想的指导地位。二是继续保持艰苦奋斗的意识和作风。随着由长期战争环境转入相对和平的环境，人民军队的任务从以作战为主转为以训练和教育为主。环境的改变使一些官兵出现了和平麻痹思想和战斗意志涣散的问题，认为"仗打完了，该过好日子了"，以"功臣"自居渐渐放松自我要求，骄傲自满、贪图安逸，甚至出现了贪图享乐、生活腐化等一系列问题，并带有一定的普遍性。正如毛泽东同志所指出："可能有这样一些共产党人，他们是不曾被拿枪的敌人征服过的，他们在这些敌人面前不愧英雄的称号；但是经不起人们用糖衣裹着的炮弹的攻击，他们在糖弹面前要打败仗。"[2] 为了解决这一问题，我军在全军长期开展坚持优良传统和继续发扬艰苦奋斗作风等教育，使官兵认识到必须防止和克服任何和平麻痹、斗志松懈、贪图个人享乐、不愿再过艰苦生活的思想情绪，认识到革命任重道远，必须保持充沛的战斗意志，谦虚谨慎、不骄不躁，坚决批判

---

① 颜旭，任军. 先进军事文化论 [M]. 北京：解放军出版社，2009:228.

② 毛泽东选集（第四卷）[M]. 北京：人民出版社，1991:1438.

和抵制种种"刀枪入库、马放南山"的倾向。经过长期努力，官兵普遍深刻认识到各种错误思想产生的原因和危害，进一步夯实了无产阶级人民军队的本色。三是注重培养和平时期军人职业精神。为适应时代要求，我军在和平建设时期逐渐形成了与使命任务相适应、更加丰富的职业精神，在继续强调坚持发扬优良传统等内容外，开始更加注重培育官兵和平年代所需要的精神和品质，赋予了革命军人在精神层面上新的内涵。回顾这段历程，培养和平时期军人职业精神的主要做法包括：紧紧围绕任务实际在全军普遍开展英模典型学习活动，通过学习雷锋、学习"硬骨头六连"、学习"南京路上好八连"等先进模范和群体的感召为官兵明确了新的学习榜样和工作标准，在军营中树立起新的风尚；在军营中大力培育坚持革命乐观主义、排除万难争取胜利的"五种革命精神"，即发扬革命和拼命的精神，严守纪律和自我牺牲的精神，大公无私和先人后己的精神，压倒一切敌人和压倒一切困难的精神；广泛开展"四有、三讲、两不怕"教育，让有理想、有道德、有知识、有纪律，讲军容、讲礼貌、讲卫生，不怕艰苦困难、不怕流血牺牲的要求成为官兵的追求和准则。

二、行为模块建设：增强科学之识，陶冶生活之趣

随着由战争状态转为相对稳定的和平建设状态，作战压力的缓解使官兵有了更多的时间从事军事训练之外的活动，也有了更强烈的提升能力素质的意愿。这就对我军进一步丰富军营文化生活，多方位满足官兵文化需求提出了客观要求。

这一阶段，我军军营文化建设在行为模块方面主要进行了开展正规行为秩序建设、提升官兵文化素质和广泛开展文化活动三个方面的工作。一是开展正规行为秩序建设。革命战争时期，受各种客观条件的限制，我军正规化建设虽以起步但成效有限。新中国成立后，随着军队建设总方针和总任务的确立，按照毛泽东同志提出的军队要实行统一指挥、统一制度、统一编制、统一纪律、统一训练，加强组织性、计划性、准确性和纪律性的"五统四性"要求，构建正规化的军营行为秩序成为我军军营文化建设的重要任务。按照我军现代化正规化建设要求，军营中的正规行为秩序贯彻于军事、政治、后勤等各项工作之中，涉及编制体制、组织管理、教

育训练、供给保障、规章制度、武器装备等日常生活的各个领域。坚持抓主要矛盾和矛盾主要方面的原则，我军将军事技术训练和日常行为规范作为正规行为秩序的重点内容。为了保证有序高效地开展工作，先后颁布出台了一系列的军事条令条例和规章制度。以中国人民解放军《纪律条令》《队列条令》《内务条令》三大条例和《政治工作条例》为核心，我军各项规章制度在发展中不断完善，对军营中组织管理、训练教育、人际交往等各项活动提供了明确的规定，有力推进了我军正规行为方式和严谨行为风气的形成。二是系统组织科学文化教育。这一时期我军官兵的人文素质得到显著增强，夯实了我军文明之师的底蕴，有效形成了军营中团结紧张严肃活泼的文化氛围。由于我军的大多数干部、战士在旧社会被剥夺了学习文化的权利，到新中国成立时除有少量知识分子和懂技术的干部外，从整体上看官兵的文化素质还很低，文盲、半文盲的比例较大。在全国大规模作战任务基本结束后，尽快提高广大官兵的科学文化水平成为我军文化建设的重要议题。据1951年底调查统计，全军部队战士的文化程度，初小以下者约占80%，其中识500字以下者占30%左右；干部中不及高小程度者约占68%，其中初小以下者占30%左右。这与建设现代化、正规化强大国防军的任务要求不相适应。对此朱德指出："部队必须很好的加强整训，我们部队在阶级不消灭之前永远是一个战斗队，我们要很好地学习军队近代化的科学知识，学习海陆空军联合作战的方法和技术，因此必须首先加强文化学习。没有文化，这个任务就完不成。"[①] 周恩来在全军参谋会议上也指出："可是我们的文化不高、技术不高，要建设现代化的军队就非提高不可……必须把我们现在的干部和战士提高起来，要全军进行学习，把连队变成学校，大量开办小学、中学。"[②] 随着在全军长期普遍开展正规化、经常化文化教育，官兵的文化程度大大提高，逐步改变了干部队伍的文化知识结构，为干部学习政治理论、专业知识创造了条件。官兵们积极将所学知识运用到军事训练和各项活动中，建设现代化军队的信心大为增强。例如，有的官兵通过学习射击计算公式和原理后改进了训练方式方法；有的海军官兵

---

① 中国人民解放军军史（第四卷）[M]. 北京：军事科学出版社，2011:305.

② 中国人民解放军军史（第四卷）[M]. 北京：军事科学出版社，2011:306.

学习数学、物理、化学后，掌握天文、航海测算等方面能力显著提升。经过长期系统的学习，我军官兵的精神面貌发生了显著改变，军营中的学习氛围日益浓厚，官兵在知识增长的同时开阔了视野，思想活动也更加活跃，连队的文化生活大大丰富，军营内部氛围更加团结活泼。三是开展丰富军营文化活动。开展群众性的文化体育活动，是军营文化建设中的重要组成部分。社会主义建设时期，我军物质生活条件得到极大改善，部队基层单位普遍建起了俱乐部，有些单位还建起了篮球场、足球场等活动场所，广大官兵利用业余时间在俱乐部进行自我教育、自我娱乐，积极开展丰富多彩、健康有益的文体活动。通过广泛的群众性文艺体育活动，官兵在训练和各项工作之余有效消除疲劳、恢复体力、陶冶情操、焕发精神，在增进知识、技能和健康的同时，精神境界也得到提升，激发出更加强烈的热爱祖国、热爱党、热爱军队、为军队现代化建设献身的精神。与此同时，部队专业文艺单位的相继成立也极大地丰富了官兵的军营文化生活。这些文艺团体坚持"面向连队，为兵服务"的方针，经常深入部队进行慰问，对于不少官兵来说，能够观看高水平的文艺演出已然成为军营生活的一次盛会。此外，部队的文艺创作团队以军队题材为重点，创作了一大批官兵喜闻乐见的文艺作品，《谁是最可爱的人》《霓虹灯下的哨兵》《英雄儿女》等大量佳作通过宣传爱国主义、革命英雄主义等思想，极大地丰富了官兵的精神生活，对鼓舞士气、提高战斗力起到了重要作用。

三、制度模块建设：筑扎建军之篱，规约军营之纪

早在新中国成立之初毛泽东同志就指出："与现代化装备相适应的，就是要求部队建设的正规化，就是要求实行统一的指挥、统一的制度、统一的编制、统一的纪律、统一的训练，就是要求实现诸兵种密切的协同动作。"[①] 我军发展壮大的历史证明，现代化、正规化建设始终与制度建设相辅相成，并行不悖。

这一时期是我军制度建设快速发展的时期，通过长期的扎实工作，为我军军营文化建设的科学发展提供了良好的制度保障。一是为构建法治体系奠定坚实基础。

---

① 毛泽东军事文集（第6卷）[M]. 北京：军事科学出版社，中央文献出版社，1993:314.

新中国成立之初，我军以苏军条令为蓝本，除《中国人民解放军政治工作条例（草案）》是在总结解放军政治工作历史经验的基础上制定的外，其他基本是照搬或参照苏联红军的一些军事规章。从 20 世纪 50 年代末期开始，随着我军国防建设指导思想的发展和军队编制体制改革的推进，军事建设贯彻"以我为主"的方针，自 1953 年颁布《内务条令》《纪律条令》《队列条令》三大条令后，陆续颁发一系列涉及军事、政治及后勤方面的规章，开始实行义务兵役制取消志愿兵役制、实行薪金制取消供给制和实行军衔制，为我军构建系统完善的制度体系奠定了坚实基础。在各项制度的共同作用下，部队精神面貌焕然一新，为积极推进军队各项工作的正规化建设和军营文化的构建生成发挥了重要作用。特别值得一提的是，这一时期我军先后下发《关于开展连队文化娱乐活动的决定》《中国人民解放军团俱乐部工作条例》《中国人民解放军连队俱乐部工作条例》指导基层文化活动开展，从制度层面体现了我军对官兵文化生活的高度重视。二是逐步形成我军执法体制机制。在这一时期的建军实践中，根据和平建设时期依法治军的实际和战争特点规律新变化，对革命战争年代形成的执法体制机制进行了继承和创新，建立完善了自上而下的军队执法执纪机构，理顺了执法机构的上下左右关系，规范了各级执法机构的权责，并通过长期实践，逐步形成和平建设时期我军的执法体制机制，保证了我军执法的公正、文明、严格、高效，极大提高我军正规化建设水平。三是以普法教育增强法治氛围。在社会主义革命建设时期，向全军官兵普及法律知识，增强法制观念，从思想和行动上自觉维护法纪，是制度模块建设的重要内容之一。一方面，着眼于打牢官兵的法律知识根基加强正规化教学，常态化组织短期轮训和安排部队专业人员、邀请地方专家到军营中系统讲授法律知识。另一方面，重点开展典型案例教育，通过举办讲座和参观见学，既对军队中守法护法先进典型进行宣传报道，又将违法乱纪的现象作为现实案例进行警示分析，让官兵从正反两个方面直接感受法治熏陶，增强守法意识和依法办事的自觉性。

四、物质模块建设：聚焦现实之需，回应官兵之盼

这一时期我军物质条件实现全方位改善，军营中各类物质产品得到丰富发展和创新利用，官兵思想和精神面貌也随着发生了积极的变化。这一时期的军营文化物质模块建设主要包括以下几个方面。一是建立具有我军特色的物质保障体系。从1949年建国前夕我军后勤装备的统计情况来看，全军还没有实现军装的完全统一，单兵携装更是五花八门。特别是在武器装备方面，全军没有统一规范的配给，各部队装备主要来自战场缴获和出厂标准不一的各类兵工厂，官兵们形象地将自己称为"万国牌"部队。新中国成立后，我军迈入了建设正规化、现代化国防军的新时期，依托国家政权基础，迅速建立起全军统一的物质保障体系，实现了我军后勤组织由长期分散到高度合成的质变。建立新的物质保障体系为从全局高效统筹各类军事保障品开创了良好局面，通过制定出台一系列的规范标准，军营文化物质模块建设也越来越正规，为形成特定的军营文化价值观及行为准则奠定了坚实基础。二是形成具有我军特色的军营生活环境。相对和平的国际环境为我军发展创造了良好的军营生活环境，军队各项基础建设全面展开，彻底改变了革命战争时期我军物质基础薄弱的旧面貌。在环境建设上，对全军的营区建设进行统一规划和制定标准规范，从训练环境、办公环境到住宿环境、生活环境都得到了极大改善；在饮食建设上，伙食质量不断提升，在保证供给充足的基础上更加注重食物的丰富性和口味的多样性。在很长一段时期，能够拥有军队生产的罐头、压缩饼干等食品成为"身份的象征"，军人成为社会中羡慕的对象，军人的职业优越感和自豪感极大增强；在医疗建设上，基层单位普遍建起了医务室并编制专业医护人员、基本医疗设备和药品；在生活建设上，福利待遇大幅提高，各类保障物质极大丰富，除了基本的生活用品外，为满足官兵进行学习和开展文化活动的需求，军人俱乐部建设得到快速发展，篮球场、阅览室等馆室相继在全军范围内普遍建成，各类文体活动器材不断配置齐全。物质条件的改善，让官兵能够以更大的热情投入到军事训练和各项工作中，对使官兵安

心在部队服役发挥了重要作用。三是丰富具有我军特色的文化象征物。"文化是一个整体,任何文化现象都应置于文化整体中去考察。"[①]丰富的文化象征物是物质模块中重要的构成要素,也是新中国成立后军营文化在军队正规化建设要求下快速发展的重要内容。从日常生活用品到服装配饰,从营房宿舍到训练场馆,从营区环境到武器装备,大量富含精神价值的物质象征品为我军军营文化增添了独特魅力,其中最具代表性的当属军旗和军徽。1949 年 6 月 15 日,中国人民革命军事委员会正式颁布了《中国人民解放军军旗及军徽样式》的命令,公布了军旗和军徽的图案、制法及尺寸,标志着我军军旗军徽的正式确立。军旗是军队的精神图腾,是象征军队的重要标志。红色为底缀上金黄色的五角星及'八一'两字的中国人民解放军军旗,与党旗、国旗在颜色搭配、设计风格、寓意象征上如出一辙,象征着我军与中国共产党、中国人民的密切联系和高度一致。一看到军旗就能让官兵想到在党的领导下我军为人民利益无所畏惧、日益强大的伟大历程。同时,对于建国初期转入正规化建设的人民军队来说,军旗更是军纪军规的重要象征,面对军旗会让官兵油然而生崇高的使命感和责任感,从而对自觉强化纪律意识发挥到了重要作用。军徽是军队的重要标志,在使用范围上比军旗更加广泛,在军营中从军事建筑、礼堂会场到军装服饰、武器装备几乎随处可见军徽的图案,通过军徽的高频显现,官兵在这一特定符号的影响下潜移默化的不断加强军人身份的集体认同,对军队使命的理解和认识也更加深刻。

第三节　改革开放阶段：壮大跃升期

改革开放后,我军在军营文化建设中将物质模块建设摆在重要位置,让"文革"风波后的精神模块建设重回正轨,在行为模块建设中将科技和文化教育作为重点内容,基本确立制度模块的科学体系建设。

---

① 夏建中 . 文化人类学理论学派 [M]. 北京 : 中国人民大学出版社, 1997:131.

一、精神模块建设：秉承本色之心，奋发强军之志

进入改革开放阶段，为适应在大力加强社会主义物质文明建设的同时，大力加强社会主义精神文明建设的新要求，军营文化的精神模块建设得到快速发展，"不加强精神文明的建设，物质文明的建设也要受到破坏，走弯路。光看物质条件，我们的革命和建设都不可能胜利。"① 为了应对市场经济思维对军营的正面冲击和对"文革"思想的拨乱反正，我军在精神模块建设上大力开展历史使命教育、理想信念教育、战斗精神教育和社会主义荣辱观教育，弘扬我军听党指挥、服务人民、英勇善战的优良传统，积极培育当代革命军人核心价值观。总的来看，着重开展了三方面的工作。

一是学习中国特色社会主义理论，用先进思想武装官兵头脑。经历了"文革"时期的混乱，改革开放初期完成全面拨乱反正是我军建设的主要内容，其中思想观念上的拨乱反正又是其中的重中之重。一方面，要全面匡正官兵思想树立科学态度，通过在全军普遍开展真理标准问题大讨论、学习中共十一届三中全会精神、学习马克思主义著作等活动，使官兵冲破"两个凡是"的思想束缚，从受"终极真理"影响造成的错误观念，转变为革命理论也要发展，而且必须发展的正确观念；从受朴素阶级感情的局限，转变为实事求是的科学态度；从受现代迷信的束缚，转变为领袖"是人不是神"的客观认识。另一方面，要清除官兵思想上客观存在的唯心主义和形而上学思想，将实践确立为检验真理的唯一标准，逐步培育马克思主义辩证唯物的思维方式，使官兵对新中国成立以来的历史形成全面客观的认识。随着中国特色社会主义建设的不断向前，党的创新理论也随之不断丰富完善，跨越改革开放 30多年的历程，最终形成中国特色社会主义理论体系。作为党领导的人民军队，深入学习和贯彻落实中国特色社会主义理论是军营文化精神模块建设的基本目标和任务。通过系统开展多种形式的教育活动，广大官兵在思想认识上更加坚定地高举中国特

① 邓小平文选（第二卷）[M]. 北京：人民出版社，2008:144.

色社会主义伟大旗帜，用先进思想武装头脑的认识更加自觉，为全面推进军队现代化建设集聚了强大的精神动力。二是大力培育革命军人核心价值观，铸牢履行使命的精神支柱。随着改革开放的深入，伴随市场经济涌入的多元思想对军营产生了巨大冲击，对意识形态和官兵思维方式造成了巨大影响。在此背景下，军营文化精神模块开始纳入加强社会主义精神文明建设的全新内容。邓小平指出："我们要建设的社会主义国家，不但要有高度的物质文明，而且要有高度的精神文明。所谓精神文明，不但是指教育、科学、文化（这是完全必要的）。而且是指共产主义的思想、理想、信念、道德、纪律，革命的立场和原则，人与人的同志式关系，等等。"[1] 我军自创建之初就要求官兵树立无产阶级人民军队所特有的革命军人核心价值观念，经过革命战争和社会主义建设的长期积淀，最终将其总结为忠诚于党、热爱人民、报效国家、献身使命、崇尚荣誉。为使革命军人核心价值观根植中国军人的灵魂、融入中国军人的血脉，我军广泛开展了一系列主题教育活动。全军官兵高举旗帜听党指挥的政治信念更加坚定、立身做人成长进步的价值追求更加端正、爱军精武献身使命的内在动力更加强劲、投身建设推动发展的精神面貌更加昂扬。[2] 三是大力发扬优良传统，传承人民军队的红色基因。我军在长期发展建设中形成了一系列的优良传统，对此江泽民曾在中央军委扩大会议讲话中概括为"军队必须接受党的绝对领导，必须坚持'党指挥枪，不是枪指挥党'的原则，努力使部队成为贯彻执行党的路线方针政策的模范，……"等10个方面的内容。它们既是人民军队的历史精华，也是广大官兵崇高的精神结晶。面对改革开放环境下市场经济的影响，我军重点加强对官兵本色精神的培育，通过大力弘扬井冈山精神、长征精神、延安精神、西柏坡精神、抗洪抢险精神等传承红色基因、发扬优良传统，大力倡导学习革命先烈艰苦创业、英勇献身、全心全意为人民服务的精神，有效提升官兵道德情操，增强了部队的凝聚力和战斗力。

---

[1] 邓小平文选（1975-1982）[M]. 北京：人民出版社，1983:326.
[2] 肖裕声.中国共产党军队政治工作史 [M]. 北京：军事科学出版社，2015:957.

二、行为模块建设：紧跟改革之新，拓展行为之域

从军营文化生成的行为表现来看，这一时期在将思想政治工作摆在全军各项建设首位、各类思想政治教育活动作为重点的前提下，我军通过以下活动有效促进了"文化场"的形成。一是加强官兵科学文化素质培训。我军历来重视用先进理论和科学知识武装官兵头脑，现代化战争对此提出了更高的要求。从文化生成的视角看，普及科学文化知识、提高官兵的科学文化素质成为这一时期重要的军营活动，在讲科学、学科学、用科学的浓郁氛围中，顺利实现了确立科技强军思想理念的转型发展。通过学习科学文化知识和现代技术，一大批优秀官兵在不同岗位上迅速成长，为提升我军现代化作战能力提供了最根本的人力资源保证，实现了我军武器装备现代化和人的现代化的相互促进、同步发展。从统计数据上看，仅 2002 到 2012 年十八大召开前的十年间，全军 80 多万名官兵实现学历升级，100 多万名官兵拿到英语、计算机、法律、心理咨询等专业等级证书，共涌现出 384 个学习成才标兵和人才培养先进单位。二是开展军营网络文化活动。随着"互联网一代"走入军营，为适应他们习惯通过网络进行学习认知的新特点和对网络生活方式的特殊依赖情感，军营中网络建设快速发展，极大地满足了官兵的现实需求。全军 90% 以上的建制连队实现网络进班排，网络模拟仿真对抗丰富了军营的训练手段，各类网上学习、网上交流、网上娱乐活动拓宽了官兵视野。随着智能化通信设备在官兵中的普及，网络生活逐渐成为军营文化活动的主要形式。三是创新文化活动新形式。在坚持做到队列集会有歌声、周末假日有活动、重大节日有晚会、每月体育有比赛和落实好每天"三个半小时"等要求的基础上，为了满足官兵多样化的文化生活，我军在军营文化活动的开展中还积极探索、不断突破，在形式和内容上进一步丰富。相对于过去单一的"一刀切""一锅煮"的集体活动形式，更加注重根据官兵个人兴趣爱好和特长为其提供场所和平台开展小群活动。例如，随着数码技术的普及和智能设备的发展，微电影"拍客"、摄影"发烧友"、网络"段子手"活跃于军营，很多单位专

门为其设置了工作室并预算了专门的经费，这些基层的原创者运用新技术元素从一线视角捕捉新颖题材，呈现了让人耳目一新的创作风格。2012 年在庆祝建军 85 周年全军摄影展上，《冰山雪岭牦牛伴巡逻》《爸爸，我没哭！》等来自基层官兵的作品，以浓郁的军人情怀和独特的审美视角斩获大奖并获得广泛好评。与此同时，在原总政治部领导下，部队中的专业文艺团队坚持"面向连队，为兵服务"，按照每年应有 6 个月时间下部队慰问演出、辅导官兵开展文化活动不得少于 70% 等要求，经常深入基层一线开展文化活动，使官兵能够享受到高水平的文化服务，有效鼓舞了士气、激励了斗志、巩固提高了部队战斗力、丰富了军营的文化生活。特别需要说明的是，这一时期在我军光荣文艺传统、时代精神及鲜活事例的感召下，一大批弘扬主旋律、围绕中心任务、具有较高艺术水准的精品力作问世，电视剧《亮剑》《士兵突击》，歌曲《当那一天来临》，电影《大转折》《目标战》，舞蹈《红蓝军》等"文化精粮"成为推动军营文化建设的鲜活力量，在更高层次上满足了官兵精神生活的需要。

三、制度模块建设：完善治军之杖，擎立法治之信

改革开放以后，邓小平在反思"文化大革命"沉痛教训时指出："我们过去发生的各种错误，固然与某些领导人的思想、作风有关，但是组织制度、工作制度方面的问题更重要。这些方面的制度好可以使坏人无法任意横行，制度不好可以使好人无法充分做好事，甚至会走向反面。"[①] 由此，我军制度建设速度明显加快，逐步构建起由 15 部专门法律及其相关问题决定、181 件军事法规、88 件军事行政法规、3000 多件军事规章构成的军事法规体系，全面涵盖了军营中训练演习、勤务战备、行政管理、政治工作、后勤保障、装备管理等各个方面。这一时期，军营文化制度模块的骨架基本搭建完成，奠定了"有章可循""有法可依"的基础，形成了极具认同感、信任感和安全感的制度氛围。特别需要指出的是，为了加强对军营文化活动开展的领导，提高质量建设水平，进入新千年后我军先后下发《旅团文化活动中心管理规定》（2002 年）、《连队俱乐部管理规定》（2002 年）、《中国人民解放军文化装备管理

---

① 邓小平文选（第二卷）[M]. 北京：人民出版社，1994:333.

规定》（2006 年）、《关于进一步加强部队体育工作增强官兵体质的意见》（2007 年）、《原总政治部关于推动军队文化艺术发展繁荣的意见》（2008 年）等专门规定，不断明确军营文化活动开展的形式、目标和任务，使我军军营文化活动的组织实施加快步入科学化、正规化、法制化轨道。

从文化学角度看，完善制度模块既是文化建设的目标，又是文化生成的路径，在此过程中可以看出这一时期我军军营文化制度模块建设的基本情况。一是建立起维护制度的公信力。随着官兵法制意识的不断提升，积极发挥制度的规范作用不能再只是依靠"以威慑人"，而是要更多地以理服人，从而在根本上维护好制度的公信力，为其得以持续发挥管理约束和引导作用提供保障。从实际情况来看，这一时期我军大力开展普法教育的同时有效增强了各项制度执行过程和结果的公开透明、公平公正，广大官兵的法制观念明显增强，涌现了大批学法用法的先进典型，为树立良好的军营法治环境奠定了重要基础。二是建立起尊崇法治的共识和氛围。军队是高度讲究纪律性的地方，一项制度如果得不到坚决的贯彻执行，不仅将失去权威性和公信力，其现实效果甚至比没有这项制度更差。对于刚刚经历"文革"特殊时期社会思想混乱的广大官兵来说，重新确立对制度的敬畏，必须严格依法从严，坚决履行规章制度的要求，通过制度建设中有效执行这一关键环节，形成严肃的制度氛围。经过长期努力，尊崇法治这一军营文化的基本精神内涵成为官兵的自觉意识，树立起高度权威的法治氛围，成为这一时期制度模块建设的重要内容和成就。三是与国家法规制度建设更加同步。在依法治国方略统领下，军队的制度建设必须同国家法制建设相衔接。从更深层次上看，就是必须实现两者在制度背后所反映的精神和价值观的一致。在改革开放初期，为保证国家集中力量优先发展社会经济，军队坚决维护大政方针进入"忍耐期"，在颁发出台各项制度时始终与国家政策保持步调一致。随着国家政策导向的调整，军队制度也相应而变，为确保社会主义市场经济条件下物质文明和精神文明建设"两手抓、两手都要硬"的要求军队积极开展社会主义核心价值观教育，并结合自身特质提出了革命军人核心价值观，为国家精神风尚与各行各业职业精神的融合做出了典范和表率。

四、物质模块建设：彰显时代之貌，赓续文化之脉

马克思主义认为，意识的一切形式和产物是不可能通过单纯的精神批判来加以消灭的，只有发展物质文化或以物质实践的方式摧毁旧的现存的社会关系，才能从根本上转换人们深层的文化心理结构及其内在的价值观念，从而确立新的精神文化。[①] 改革开放后，在重新确立正确的马克思主义思想路线、政治路线和组织路线，毅然放弃"以阶级斗争为纲"而转为"以经济建设为中心"的新模式后，军队内部也做出了积极响应和坚决落实，在军营文化方面表现为更加突显物质模块建设（发展经济基础）的优先地位，并形成了以此作为推进军营文化整体发展的前提和基石这一符合客观规律的一致共识。强调物质基础在文化建设中的重要作用，是军队建设从"文革"偏激强调精神上"政治正确"的错误文化观点拨乱反正的鲜明标志和必然选择，只有军营中的物质水平提高了，才能从深层次上实现官兵的思想意识等价值观念的根本性变化，进而在本质上确立新的文化模式。对此邓小平曾有过精辟的论述："我们是社会主义国家，社会主义制度优越性的根本表现，就是能够允许社会以旧社会没有的速度迅速发展，使人民不断增长的物质文化生活需要能够逐步得到满足。"[②]

从主要成就来看，这一时期的物质模块建设主要在四个方面高标准地完成了任务。一是建立军地一体联勤保障体系，军营文化物质模块建设根基更加雄厚。随着改革开放的深入，我军军兵种后勤自成体系、条块分割的格局越来越难以适应新形势新要求。为了避免诸军兵种后勤在职能、机构、设施等方面不必要的重复，最大限度地提高经济效益和军事效益[③]，我军后勤建设开始走上联勤保障的科学发展道路。新的保障体系适应社会主义市场经济发展要求，逐步实现军民兼容发展。随着物质

---

① 高延春.试论邓小平文化观蕴涵的本真精神 [J].延安大学学报（社会科学版），2004（04）:25-29.

② 公茂虹.制度优越性及制度自信 [N].
http://theory.people.com.cn/n/2013/0702/c366049-22046276.html.2013.

③ 陈二曦.论江泽民军队后勤改革思想 [J].军事经济研究，2003（09）:5-8.

保障能力的提高，我军军营文化物质模块的基础性支撑更加坚实，为先进军事理念、先进训练方法等方面的创新提供了根本保障。二是武器装备现代化程度的提升，赋予军营新的时代风貌。改革开放以来，围绕和平时期建军战略方针的要求、围绕打赢现代技术特别是打赢信息化条件下局部战争的需要，我军武器装备水平快速提升，一大批信息化高新技术武器装备陆续列装部队，由此引起的对我军如何打赢现代化高技术战争、保持科学发展正确方向的新思考新探索不断深入，有效促进了新的军事思想、训练方法、制度法规的创新。在各军兵种实现武器装备"硬实力"提升的同时，人民军队威武之师的形象也更加突显，官兵的精神面貌更加昂扬，作为军人的自豪感和敢打必胜的自信心等"软实力"也得到显著增强。三是生活保障品质全面改善，物质承载功效更加显著。以国家经济实力和全社会物质财富的极大增长为基础，军营生活条件也得到极大改善，并对提升官兵思想认识水平和精神面貌起到了积极作用。以军装的变化为例，我军军装经过几次更新换代，到目前列装的 07 式系列服装包括礼服、常服、作训服、标志服饰 4 个系列、600 多个品种，其款式造型具有时代感，颜色布料考究，不同军兵种各具特色，很好地展示了新时代官兵的气质和风貌。需要特别说明的是，这套军装最大的特色是为每一名官兵量身打造，可以说实现了我军军装改革史上的一次里程碑式的变革，在实用的同时更加注重舒适和美观，军人威武之气展露无遗，有效增强了官兵的职业自豪感，对传播价值理念、展示军队风貌、提升军队影响力产生了积极影响。四是军营环境极大改善，特色文化氛围更加浓郁。随着我军基层文化建设投入不断加大，基础设施和基层文化生活保障日臻完善。从军营环境来看，无论是北国边陲或是南关海岛，各单位结合实际因地制宜，在营区建设中更加凸显军事主题和政治主题，在设计上注重审美、实用和官兵心理的相适协调，在营院醒目处设立军队建设题词和标语牌，在主干道设置体现革命军人理想信念和技术风貌的标语灯箱、主题雕塑，在重要区域布置文化长廊，在室内大厅、会议室、室内训练馆等场所科学设置各类宣传橱窗、黑板报和英模画像，实现了军营环境建设水平的全面提升。从基础设施看，俱乐部建设质量显著提高，健身器材、球类、棋牌等各类用品配套，图书室、电子阅览室等场所使用合理，很多单位都建有自己的团史馆、连史馆或者荣誉室，发挥了延续历史、弘扬传统的积极作用。

第四节　经验与启示

在 90 多年的发展中，我军探索出了一条以马克思主义为指导的中国特色军营文化建设之路，并且在实践中积累了许多宝贵经验，对推进新时代军营文化建设具有重要意义。

一、必须始终坚持马克思主义先进理论为科学指导推进军营文化建设

理论是行动的先导，没有科学的理论，就没有正确的行动。马克思主义基本原理、马克思主义中国化形成的理论成果揭示了发展社会主义文化的客观规律，为我们提供了科学的世界观和方法论。毫不动摇地坚持马克思主义先进理论在我军军营文化中的指导地位，是长期军营文化建设实践中所积累的宝贵经验。战争年代，中国共产党引入马克思列宁主义，为我军注入了听党指挥的军魂，打上了无产阶级人民军队的文化烙印；和平建设年代，毛泽东思想统领军营文化，在坚持实事求是中进一步赋予了我军军营文化的民族品格；改革开放后，在邓小平理论、"三个代表"重要思想和科学发展观的指引下，我军军营文化建设不断与时俱进，呈现出崭新的时代风貌。回顾历史，只要坚持以马克思主义先进理论为指导，我军军营文化总能焕发出盎然生机；而一旦背离了马克思主义理论，我军军营文化建设就会偏离方向、举步维艰。

二、必须始终坚持服务官兵、依靠官兵推进军营文化建设

在马克思主义看来，人的自由而全面的发展是社会主义的本质要求。作为以马克思主义理论为指导的人民军队，我军军营文化秉承"人民群众创造历史"的价值

观，始终将广大官兵摆在军营文化建设的主体位置，把依靠官兵推进建设作为根本举措，把培养官兵、塑造官兵作为军营文化建设的出发点和落脚点。无论是革命战争时期还是和平建设时期，我军都能够清醒认识到官兵是各类文化财富的真正创造者，坚持贯彻文化发展为了官兵、文化建设依靠官兵、文化成果服务官兵的理念，在不断满足官兵在精神、物质等方面多层次、多样化文化需求的同时，强调以此为途径发挥文化的教育引领作用，不断提高官兵综合素质、促进官兵全面发展，形成对军营文化价值观念和行为标准的高度认同。

三、必须始终坚持围绕中心任务、促进战斗力提升推进军营文化建设

马克思主义认为，战争既是物力的较量，又是人精神和意志的较量，核心是文化的较量。坚持使命需求牵引，紧紧围绕军事中心任务向战斗力聚焦、为战斗力服务，是我军军营文化建设不断发展丰富的一条重要经验。回顾我军发展壮大的历程，军营文化建设始终紧盯全面提升战斗力水平这个根本指向，积极开展运用文化力提升战斗力的探索，为保持我军性质宗旨和政治本色，激发官兵战斗精神、保持部队高昂士气提供了坚实的文化支撑。文化力既促生战斗力，本身亦是最强大的战斗力。实践一再证明，正是由于我军军营文化旗帜鲜明的突出围绕中心任务、促进提高战斗力这一鲜明主题，才有了一支作战骁勇、意志顽强、以气克刚、百战百胜的强大军队，有了一群面对强敌敢于亮剑、英勇拼搏、视死如归、坚决完成各项任务的革命军人。

四、必须始终坚持正确处理各模块发展的相互关系推进军营文化建设

文化是人类一切文明成果的总和。衡量一支军队军营文化发展水平的高低，不是由单一指标所能决定的，而是对其所体现的价值观念、行为模式、制度体系、物质载体等要素的综合考量。回顾历史，在不同的发展历程中根据现实需要，突出重点、兼顾全局的正确处理好构成军营文化诸要素的相互关系，是我军军营文化建设

一条重要经验。军营文化是一个包含精神模块、行为模块、制度模块、物质模块的综合性系统，军营文化建设是一个内涵丰富、多层次、多阶段的动态过程。从整体上看，军营文化系统中的各模块只是一个难以独立实现的子系统，只有实现各子系统与母系统、各子系统间的相互融合、相互协调、相互促进，才能有效实现军营文化建设水平的总体提升，发挥出广泛影响力和特定功效。

五、必须始终坚持根据形势任务变化不断创新推进军营文化建设

创新是文化发展的生命。随着人民军队所处时代形势任务和职能使命的不断变化，军营文化建设也随之不断调整和发展。革命战争时期，面对敌强我弱实力差异悬殊的不利局面，我军军营文化用马克思主义的先进思想创造出了一支具有新信仰信念、新气节品格、新战斗精神、新克敌战法的新型军队，取得了堪称奇迹的军事斗争胜利；社会主义和平建设时期，根据军队正规化、现代化发展要求，我军军营文化建设面对官兵法治观念不强和文化水平普遍较低的现实情况，在军事训练、文化学习、作风养成中创新方式方法，为部队注入了新气象和新风貌；改革开放后，面对国际格局、国内形势、部队状况的新变化所带来的提升战斗力水平、培养高素质革命军人的新需要，我军军营文化建设抓住部队发展的突出矛盾大力开展科技强军实践，全面改善部队物质条件，实现了战斗力水平从"软实力"到"硬实力"的全面提升。回顾历史看到，坚持通过创新以适应时代形势和使命要求的新变化，是我军军营文化引领风尚、长盛不衰的重要动力之源。

第四章

现实考察：新时代军营文化建设的成果

　　党的十八大以来，我党我军高度重视文化建设，我军军营文化建设也步入一个新的发展时期，在传承创新的基础上既取得了许多卓越成就，同时也面临着一些突出的现实问题。对这一时期的军营文化建设情况进行总结梳理，对于实现党在新时代的强军目标，推进军营文化建设具有重要意义。

第一节　主要成果

　　党的十八大开启了中国特色社会主义建设的新篇章。中国特色社会主义进入新时代，文化建设被摆在国家战略的位置受到高度重视，在习近平关于中国特色社会主义文化建设重要论述指引下，中国特色社会主义文化建设实现了快速发展和全面提升。在这一大好机遇面前，我军军营文化建设以提升战斗力为根本、紧紧围绕实现党在新时代的强军目标不断进取，在军营文化精神模块、行为模块、制度模块、物质模块四个方面都取得了辉煌的成就，表现出积极向好的强劲发展势头。

一、精神模块建设中取得的主要成果

　　我军历来将培育官兵的精神品格作为文化建设的重要内容。党的十八大以来，在社会多元文化摩擦频繁，伴随国防和军队深化改革带来的各类思想、现实问题集中凸显的复杂环境中，军营文化在精神模块建设中取得了显著成果。

　　军营文化建设的指导理论更加科学。党的十八大以来，习近平主席系统阐释了关于社会主义文化建设从"是什么""为什么"到"怎么办"等重大理论和实践问题，成为新时代我军军营文化建设的根本遵循，为更好更快建设军营文化提供了科学的指导理论。在科学理论指导下，军营文化建设在实际工作中更加注重与时俱进，保守的模式化、套路化、概念化现象明显好转，在创新理论和创新思维的引领下强调适应新时代文化发展格局和传播形式的新变化，立足现实用事实和成就说话，在意识形态领域的斗争中进一步站稳政治立场，使广大官兵端正价值追求、坚定理想信念，以党的旗帜为旗帜，以党的意志为意志的思维和行动更加坚定坚决。官兵科学知识水平显著提升。一定意义上来说，现代化战争的核心就是文化及其表现形式的全面较量，只有占领文化制高点的军队才能掌控战争的主动权。从现代化战争的参与要素来看，先进科学知识和参战人员所掌握的科学文化知识水平已然成为影响军事战斗力强弱的关键。党的十八大以来，重视人才、尊重人才成为军营中的价值共识，全军上下深刻认识到武器的现代化程度越高、对人的依赖性不但没有减弱，反而越来越强。而驾驭先进武器的关键，就在于具备先进科学知识的高素质军事人才。通过从顶层设计到底层执行的全面布局，我军军事人员整体学历层次不断提升，越来越多的专业技术人才在各类岗位上不断涌现，掌握先进的科学文化知识已经成为官兵成才建功的主要路径和新时代"比学赶帮超"的重要内容。"四有"价值追求牢固确立。培养什么样的军人，始终是一支军队建设的重大问题。马克思主义告诉我们，人的精神不是天生就有的，而是经过不断的改造客观世界和主观世界的实践活动产生的。[①] "四有"新一代革命军人的提出，为官兵明确了践行强军目标过程中精神追求和现实追求的正确定位，为军营文化建设提供了衡量和评判官兵综合素质的基本标准。进入新时代，我军所处的历史环境和面临的使命任务都发生了深刻的变化，面对长期和平环境的熏染和意识形态领域的拉锯斗争，有灵魂、有本事、有血性、有品德作为新时代革命军人的价值追求，直接反映了强军目标对官兵素质能力的时代要求，为官兵指明了成才立业的努力方向，从而在精神模块中树立了军营文化的鲜明旗帜。红色基因深入传承。党的十八大以来，不忘初心牢记使命成为全军官兵不断鞭策前行的准则。人民军队的初心体现在我军发展建设中逐渐形成的红色基因和优良传统中，通过精神内容、物质形式、制度模式来反映和体现。在世界霸

---

① 孙昌兵，李宏伟，李仁敏.围绕砥砺战斗精神建设军营特色文化 [J].军队政工理论研究，2012，13（06）:52-53.

权主义和强权政治滋扰不断的国际环境中，有效抵御西方敌对国家的文化渗透，坚决抵制"军队非党化、非政治化"和"军队国家化"错误思想，击碎其迷惑官兵思想造成精神困惑和价值观混乱的企图，就必须从红色传统中寻找初心和本色。我军的红色传统具有强大的生命力和战斗力，在不同历史时期为指引中国革命和建设不断走向胜利发挥了至关重要的作用，从井冈山精神、长征精神、延安精神、上甘岭精神到"两弹一星"精神、抗洪精神、抗震救灾精神等，这些红色基因早已成为新时代军营文化建设砥砺前行的深厚底蕴。当前，在习近平强军思想的指引下，全军上下的血性斗志被极大激发，勇于拼搏、敢于较量的意志和风气已然在军营中形成，十八大后所形成的崭新精神力量成为我军军营文化新的宝贵财富。

二、行为模块建设中取得的主要成果

党的十八大以来，行为模块以其生动直接的形式成为军营文化建设的重要内容，通过一系列具体工作有效营造了积极向好的军营文化氛围，为我军军营文化建设质量的全面提升发挥了重要作用。

依托主题教育进行深入的强军动员。党的十八大以来，"学习践行强军目标，做新一代革命军人""维护核心听从指挥""传承红色基因、担当强军重任""不忘初心，牢记使命"等主题教育紧紧围绕新时代习近平强军思想的深化要求在部队中全面深入开展，对弘扬优良传统作风、永葆我军性质、宗旨、本色具有重大意义，是激发勇于担当、积极作为、奋力推进强军事业激昂斗志的深刻动员。常态化组织面向基层的文艺服务。部队文艺队伍立足轻骑兵战斗队定位，以"红色轻骑兵"的"演出、宣传、辅导、服务"为典范，改变以传统文艺演出为主的服务形式，深入基层后不仅是演员，更是教员，帮助文艺骨干提高技艺和打磨部队文艺作品，并积极融入军营当兵锻炼体验生活，汲取创作灵感，力求在表演和作品中做到"兵中来、知兵情、暖兵心"，把习近平强军思想用生动的形式送到官兵身边，赢得了广大基层官兵的赞誉，为军营注入了强大的精神动力。根据2019年调研情况，海军政治部宣传文化中心服务站派出文艺轻骑队慰问演出上百场，走遍三大舰队及大部分场站、基地等单位。火箭军政治部宣传文化中心组成 2 至 3 人的文化服务小分队深入基层开展"蹲点式"服务，计划 2 年内覆盖所有建制旅，推动形成"基地有尖子人才、旅团有特色队伍、营连有文体骨干"的军营文化建设良好局面。联勤保障部队组成 20 人以下规模的文化轻骑队，累积行程十万公里服务几百个基层单位。创新开展军营特色群众性活动。广大官兵既是军营文化活动开展的参与主体，更是推动军营文化不断发展的创新主体。在注重群众性娱乐性的同时，紧贴时代使命更加注重突出"军味"，各军兵种结合实际积极创建野战文化、帐篷文化、甲板文化、机场文化，营造尚武精武的浓厚氛围。在活动形式上突出挑战性、对抗性和实战性，通过吃大苦、耐大劳、比作风、挑极限，培养官兵无惧无畏、敢打敢拼的胆识和血性，[1] 有效激发投身使命的热情和动力。从内容上看，既突出弘扬主旋律，又注重吸收大众文化的优秀成分；既注重开展我军传统的文化体育活动，又积极引进借鉴富有时代气息、适合青年官兵特点的文化娱乐活动；既有适合文化素养较高官兵需要的高雅活动，又有适应普通官兵需要的通俗活动。[2] 例如，在全军普遍进行看红色影片、唱强军战歌、讲强军故事、读文化书籍活动；结合重大节日和纪念日、执行重大任务等时机组织开展宣誓、出征等主题仪式活动；借助社会资源将各类热门文化活动经过改造和部队训练生活相融合，打造军营版"朗读者""诗词大会""一站到底""奔跑吧兄弟"等时尚综艺活动；组织官兵走出军营瞻仰革命圣地、祭扫烈士陵园、走访革命先辈宣讲革命传统活动等。

三、制度模块建设中取得的主要成果

没有制度的保障，一切活动都难以顺利开展，文化建设同样如此。党的十八大以来，我军十分重视制度观念和制度形式的建设，使新时代军营文化制度模块建设踏上新的历史台阶。

巩固严守法纪的制度环境。只有将权力关在制度的笼子里，才能根治各种歪风

---

[1]　毛立功.军营文化建设要把"打仗"主题贯穿始终 [J].政工学刊，2013（07）:48-49.

[2]　以人为本视域中的部队管理教育研究 [D].http://www.docin.com/p-1002577927.html.2014.

邪气和违法乱纪行为。但光有完善的制度是不够的，还需要有尊崇制度、敬畏制度的法治环境。经过对党的十八大之前长期形成的不良风气和错误行为的拨乱反正，严守法纪的制度环境重新在军营中确立，全军官兵逐步实现了由他律到自律的精神转变，无论是面对重大活动还是生活中的细节养成，都能够时时、事事自觉遵守制度，把严守法纪内化为新时代军人的基本素养和职业品格。军事制度是军营文化建设的重要支撑，伴随着国防和军队建设的不断深入，我军各领域、各方向军事法规制度体系不断完善，逐步形成了以宪法为根本，以国防法为龙头，以法律、军事法规、军事规章、军事规范性文件为基础的科学系统、不断完善的制度体系成为官兵一切行为的精神红线和行为准则。（如图4-1）强化服务官兵的制度机制。在军营文化建设中，各项规章制度的建设从根本上来说在于保证广大官兵权利和义务的正当实现。从实际情况来看，更加注重制度对官兵的服务保障作用，是党的十八大之来我军文化建设中尤为突出的鲜明特征。一是深入基层单位扩大"接触面"。领导干部和机关做工作更加"接地气"，在做出重大决定时更加注重调研制度的落实，真正了解官兵的心声和实际情况，保证了基层的鲜活经验和有益做法及时上升为常态化的指导规范，实现了真正从思想、情感和行动上代表官兵。二是聚焦现实需求扩大"影响面"。当前青年官兵的利益多元、需求多样，一件事情或一个决定在不同官兵身上可能产生不同的影响，为了帮助官兵提升政治觉悟和是非判断能力，正确认识和处理重大热点问题，我军在组织各类教育和活动时更加尊重官兵的自我意识，以公开公正为原则坚持用事实说话，逐渐实现影响效力，由官兵思想表层到深层的深刻转变。三是构建整体环境扩大"受益面"。为了让官兵获得更多更大的利好，营造军营中栓人留心的良好氛围，党的十八大以来我军从薪资待遇、医疗保险、法律援助等服务型领域不断完善和出台利好政策，让官兵在生活中的方方面面都能从中受益，极大地调动了官兵开展各项工作的积极性和主动性。形成崇尚荣誉的制度氛围。各类奖惩制度更加规范明确，精神奖惩和物质奖惩、直接奖惩和间接奖惩等规定更加具有操作性，在入伍退役、晋职授衔、宣誓任命、表彰奖励等活动中更加注重仪式文化，通过"外化"的形式极大增强了官兵的光荣感和使命感。从全社会范围看，

"让军人成为全社会受人尊崇的职业"初步实现广泛化的制度保障，在拥军优属方面开展了一系列卓有成效的工作，专门成立退役军人保障部、为军人家庭挂置光荣牌、在公共交通场所执行军人依法优先政策等措施有效激发了军人的职业自豪感和荣誉感。

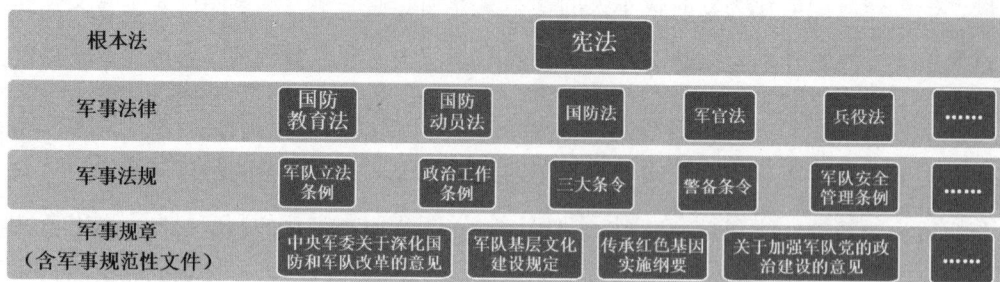

图4-1　我军军事法规制度体系

四、物质模块建设中取得的主要成果

为适应高技术条件下信息化战争的需要，伴随着作战形态、作战样式、武器装备以及训练模式等方面的新变化，我军在硬实力方面实现了巨大提升，通过坚实的物质保障为官兵激发强大精神力量发挥了重要作用。

武器装备科技含量不断增强，官兵敢打必胜的信念更加坚定。武器装备现代化是强军的基本标志，也是强军文化所依持的物质基础。党的十八大以来，我军以科技强军战略思想为指导，在机械化向信息化转型发展的历程中不断实现突破性飞跃，在各军兵种中有重点的集中力量启动一系列重大高技术武器的研发列装，让官兵实现强国梦、强军梦，敢打必胜的信念无比坚定。信息化建设提升保障质量，军营网络平台功效发挥明显。网络信息技术在部队的广泛运用，极大提升了军营保障水平，有效增强官兵军旅生活的幸福感体验，"网络＋文化"的融合效益愈加明显。随着信息技术在我军后勤建设中的广泛运用，依托互联网平台和大数据支撑，军营中的各类生活品保障更加精准高效，部队"大家庭"带来的满足感和归属感在官兵心中不断增强。例如，在伙食保障方面，量化统计每日营养摄入量，科学合理搭配官兵膳食结构，并引导官兵树立健康的饮食观念；在被装保障方面，运用大数据平台实现人员供给信息的数据化，在"全"的基础上更多在"准"上下功夫，让每一名官兵都能够着装合体、舒心，更好地展现新时代军人的威武形象。在网络生活保障方面，部队信息化建设促进了网络在军营中的加速发展，不仅电脑、网速等基础设施设备极大改善，还基本实现了从基层班、排、连到总部机关的窗口互联。强军网、中国军网等门户网站新闻报道、学习教育、娱乐休息等功能更加完善，政策咨询、法律援助、心理辅导等服务更加专业及时。同时，各类网站还重视营造鲜明的政治文化环境，让官兵时时处处感受到文化力量的熏陶。强军网、中国军网等都开设了红色基因专题网页，开办红色书吧、红色影院、红色论坛等，一批反映新时代官兵红色气质的网络作品有效加固了网络红色阵地。[①]军营环境特色更加凸显，环境育人更具实效。一支部队的品牌影响力越大，文化特色就越鲜明，官兵的认同感和归属感就越强。文化在通过物质形式呈现时往往负载着超出物质本身的抽象价值，代表特殊的象征意义，成为传播特定价值观的重要媒介。党的十八大以来，我军依托信息呈现的立体性立足时代面向未来，注重激活不同军兵种自身的独特魅力，充分利用各种文化载体和表现形式不断在军营文化建设中融入时代元素、科技元素和时尚元素，打造了一大批特色鲜明的军营文化品牌，实现了我军军营文化中物质模块建设实践的新发展。正如习近平主席指出要结合各部队传统和任务特点加强军事文化建设，近年来不少单位结合任务实际打造战斗文化、英模文化、战位文化，根据地域特征打造山沟文化、海岛文化、高原文化，呼应官兵需求打造网络文化、智能文化、竞技文化。例如，每当有新型舰艇列编服役，海军都会制作一系列带有该舰信息的胸标、帽子、背包、文化衫等产品，传播和扩大品牌影响力；某集团军结合自身特点打造兵种品牌文化，将营区环境打造的与中心任务紧密相连，不仅通过横幅、标语、板报等传统形式，更是通过互联网等多种信息平台和载体构建起步兵部队的"铁拳文化"、炮兵部队的"战神文化"、装甲兵部队的"铁骑文化"、陆航部队的"雄鹰文化"，极大地增强了官兵的认同感和归属感。军旅文艺作品兵味战味浓郁，战斗特

---

① 胡耀武．追根溯源：打造强军文化 [J]．文化软实力，2018，3（03）：69-75．

色更加凸显。习近平主席指出，文化的影响力是无形的，文艺工作要在推动凝心聚气、明义修德等方面更好发挥作用。近年来，军旅文艺精品力作不断涌现，电影《战狼》《红海行动》、电视剧《陆战之王》《红星照耀中国》、歌舞《奋进新时代》《奋斗吧，中华儿女》等不同类型、不同风格的军事题材作品守中持正，拒绝"戏说"，反对"恶搞"，立足时代文艺特点突出阳刚之美和血性精神，将传承红色基因、延续红色血脉作为不变的神圣职责和鲜活的政治思想教育教材，集中表达了在强军思想统领下我军瞄准强军目标聚焦备战打仗，不断提升信息化作战能力的历程，极大激励了官兵的精神力量，丰富了军营文化生活，在举旗铸魂育人方面发挥了重要的作用。

第二节　严峻挑战

　　文化建设的过程是迎接挑战、解决问题、推进发展的过程。进入新时代，我军军营文化建设既面临着难得的发展机遇，也面临着一些不可回避的严峻挑战。通过分析来看，当前军营文化建设面临的挑战是多方面的，也是十分复杂的，这些挑战既有宏观的，也有中观的和微观的，既有以总体性问题表现出来的，也有以具体性问题表现出来的。本书以"文化的核心—价值观，文化的主体—人"作为研究的起点和对象，将当前军营文化建设中面临的主要挑战及其表现概括为以下四个方面。

一、滞后观念和过时理论的制约，造成对军营文化建设的认知不足

　　我军在不断发展中积累了很多建设军营文化的宝贵经验，经过沉淀和梳理，对今天加强军营文化建设具有非常重要的意义。但同时我们也要看到随着时代的发展，一些旧有的认识，即使是在过去正确的方式方法也已经在不同程度上不适应新时代的要求，必须有所改变。这就好比在革命战争时期所取得的经验放在社会主义建设时期不一定适用、在改革开放前所形成的经验放在改革开放后不一定适用一样，新时代之前的经验放在新时代的历史背景下也会出现水土不服的情况。在社会快速发展和深刻变革的过程中，很多过去的传统做法和经验渐渐不能适应今天的需求，必

须与时俱进，积极改变。但从实际情况看，军营文化建设受旧有观念的影响还比较严重，突出表现为对军营文化建设观念的滞后和狭隘上。当前，不少研究者对于文化的认识还停留在单一领域和特定层面，侧重于从精神内容或者文化活动的视角来理解军营文化，看待问题缺少整体观和大局观，没有从系统的视角对文化形成系统、全面的新认识。在此思路下，军营文化建设也就成为狭义上的开展精神培养工作和组织文化体育活动两个方面的内容。这种源于理论认识上的狭隘直接导致实际工作中难以打开局面，有的单位看似对于文化建设十分重视，可总是不能有效改善部队风气和官兵精神风貌，关键就在于思想认识上只看到了局部而抓不住全局，只能管中窥豹、盲人摸象地开展工作。文化是一个内涵丰富的概念，影响文化的因素不仅多而且复杂。但由于历史上我军在突出精神力量的做法中受益匪浅，所以在进行文化建设时就会"经验性"的将精神力的培育作为重点，客观上造成对其他方面的忽视和低估，在实际工作中认为精神培育搞好了就是搞好了文化工作。诚然，将精神层面作为文化建设的重点这一观念本身没有问题，关键在于文化建设不能忽视物质基础的现实作用，脱离实际的空谈精神，不能只讲精神的重要性和搞"精神万能论"，这样必然会导致重心的失位，造成不平衡不协调的局面。

二、西方价值观和生活方式的冲击，使官兵的文化自信受到削弱

盲目的信奉和追崇西方文化及其价值观是当前我军军营文化建设中所面临的又一个重要问题。诚然，从文化的某些方面来看，西方国家具有一定的优势，他们的生活方式、思维理念等已经在全球产生广泛影响，对此应该客观正视，不能一叶障目自欺欺人。即使是军营相对封闭的环境，这种影响依然存在，表现在日常生活的诸多方面。例如，有的官兵过分强调用工资待遇来决定干工作的标准，认为既然搞职业化，当兵就是一种工作选择，待遇和报酬是选择职业的重要标准，待遇好才"愿意"爱岗敬业、服从命令听指挥，待遇不好就可以拒绝，"大不了不干了"；有的官兵过分的看重武器装备在战争中的作用，认为美军以强大的武器装备为基础，在现代化战争中占有绝对的优势，我军也应该如此，并将这种思想带到训练和工作态度

中，认为现代战争打的就是现代化的武器，武器没有对手强，再强大的战斗精神和意志品质也是无用；还有些官兵认为美军作为当今世界上最强大的军队，那么它们的文化就应该是一种先进的带有强军属性的文化。因此，我军从思维方式、训练方法、教育内容、管理模式等各方面都应该像美军看齐，一切活动都应该以美军的标准为标准，否则就是错的。这些问题的产生原因复杂，根源在于境外敌对势力越来越把文化作为渗透的渠道和重要工具，通过各种文化传播途径，借助各种文化产品竭力推销其政治主张、价值观念和生活方式[①]，从而使一些人对我军的独特优势失去了客观清醒的认识和自信，对人类社会发展的总方向和世界文化发展的大趋势失去了科学的理解和把握，在面对西方文化时自视"低人一等"、甘愿做出对自身的盲目否定和妄自菲薄。对此，建立文化自信，坚决克服对西方文化的盲从，是当前军营文化建设的一个突出问题。

三、经验主义和守成思想的束缚，导致军营文化的功效发挥不明显

党的十八大以来，我军各项建设实践在习近平强军思想的指引下稳步推进，取得了一系列重大成果，呈现出良好的发展势头。但是客观地说，受传统体制和经验主义影响，依然存在一些比较突出的现实问题。从工作思路来看，常常受保守、偏激思维两方面的影响。从保守思维的表现看。一定的文化形态不是一蹴而就的，必须经过一个长期积累固化的过程，从这一点看保守思维的一些选择是正常并可以接受的。但积累不代表一成不变，一味地坚持旧有模式不仅不利于文化发展，甚至会对文化进步造成阻碍，更严重的甚至会导致文化的消亡。在我军军营文化建设中，一些保守思维的表现还比较突出。例如，一些单位不善于借鉴运用先进技术和时尚元素，组织文化活动仍停留在"三打三看"（打篮球、打台球、打扑克，看电影、看电视、看报纸）等老把式，内容、形式和方法陈旧落后，对官兵喜闻乐见的如竞技游戏等新形式存有防备和抵触心理[②]，采取敬而远之的态度不敢接纳，使得军营文化

① 龚耘.切实维护我国军事文化安全 [J].军队政工理论研究，2012，13（03）:15-17.
② 陈佳.用先进军营文化培育军人血性 [J].政工学刊，2015（07）:66-67.

活动缺少时代烙印；又例如，有的单位在文化建设中一味求稳，认为过去的经验是好的，即使不合适继续照做也不会出问题，起码可以保证"不求有功但求无过"。而一旦用新的思路和方法开展工作，出了问题还得承担责任，因此还不如保持现状的好。从激进思维的表现看。一些单位在工作中不顾实际情况只求破旧立新，错误地认为越是变革的力度大，成效就越显著，不重视事物发展的客观规律，类似揠苗助长的现象时有出现。以对待战斗力生成的态度为例。一些新式武器装备列装后，需要给军事人员充分了解和熟练掌握的过程和时间，必须经过长期磨合才能逐渐发挥出最佳效能。但在实际中，一些单位却要求在投入使用后马上看到成效，显然是违背基本规律的激进表现。从以上两个方面看，保守思维和激进思维均在不同程度上制约着军营文化的发展。从工作方法看，常常受"老模式""老套路"制约。一是工作理念缺少规范。一些单位抓文化建设缺少"系统集成"思维，依然沿用旧观念、旧模式，常常是"零敲碎打"，难以长效的调动官兵积极性。有的喜欢把握"风向"，形势需要就高度重视，形势一过就抛之脑后。有的随意性强，缺乏连贯性，喜好什么就干什么，想到什么就抓什么，紧一阵松一阵。二是日常活动缺乏新意。一些单位认为官兵文化需求众口难调，不可能都给予满足，只要做好基本的就行了。忽视新一代青年官兵个性张扬、崇尚自由，追求多样、价值多元的特点，在开展工作一味强调统一性、规范性、集中性，与时代要求脱节、与战士需求脱钩，单一的活动模式与官兵多元的文化需求形成矛盾。同时还要注意到，不少单位都存在官兵过度依赖手机的问题。在部队的自由活动时间，大部分官兵几乎"机不离手"，娱乐活动全靠手机，几乎成为普遍现象。三是文化装备缺少效益。一些文化设施和器材设备成为正规化的象征和迎接检查的摆设，照相摄影器材成为自拍器、电脑成为游戏机等不善、不当使用的情况比比皆是，没有发挥出文化装备应有的作用。此外，文体活动设施耗损后没有及时维护更新的情况也普遍存在。四是营区建设缺少设计。一些景观布置分布不科学不均衡，工作区氛围浓、生活区氛围弱，室内场所布设多、室外环境布设少，主区域建设精、远区域建设粗，总体上看虽然披上了文化的外衣，但缺少文化的内涵。

四、战略目标和宏观谋划的模糊，造成对军营文化建设的系统指导不够

从文化建设本身来看，当前存在的一个重要问题是缺少长远的发展规划和建设布局。进入新时代，在国家层面有实现中华民族伟大复兴的目标规划，军队层面有实现强军目标建成世界一流军队的目标规划，但是对于强军文化建设却没有一个具体明确的方案计划，从而使得军队文化建设缺少长远目标的激励和倒逼机制的鞭策。在此情况下，文化建设经常是运动式、"一阵风"式的开展，某一个时期强调的多了就抓得紧一点，过一个时期强调的少了就有所放松。以关于文化的基本理论研究为例，2011 年底到 2012 年初，国家和军队发布《推动社会主义文化大发展大繁荣若干重大问题的决定》和《关于大力发展先进军事文化的意见》时，理论研究成果明显增多，通过 CNKI 搜索可以看出当年公开发表的包含"军事文化""军营文化"为关键词的相关理论文章出现井喷，全年超过 250 篇，之后迅速回落到每年约 100 篇，到 2019 年全年已不足 50 篇。此外，在调研中发现一些单位没有将军营文化建设纳入部队整体建设的重要内容之中，依然以老的思路和分类方法将工作分成军事训练、政治工作、后勤保障等几个方面，文化建设只是政治工作中所占比重不大的一个分项内容，这与国家层面将文化建设列入"五位一体"战略布局和军队打造强军文化的要求明显不相匹配。文化建设是一项综合工作，要将其看作内化渗透于军队各项工作的内在自为过程，从而避免人为地造成文化建设与军事建设、政治建设在时间分配等方面的冲突。军营文化建设有其特定的形式，但更多时候需要融入军队的各项活动之中，不应主观造成对立分离。但从现实情况看，这一问题还没有引起足够的重视。

第三节　制约因素

分析以上主要挑战及其表现，深刻剖析造成困难的制约因素，在发现问题、分析问题、解决问题中实现创新发展，对推进新时代军营文化建设具有重要意义。

一、军营文化建设理论体系不成熟的羁绊

没有现代的文化理论做支撑，新时代军营文化建设就无法顺利进行。从目前理论研究的实际情况来看，关于军队如何开展文化建设的基本理论体系并没有建立起来，相对于国家和社会其他部门的文化理论研究处于滞后位置。究其原因，一方面是因为文化研究本身难度较大，另一方面也说明对军队文化建设的研究投入不足，许多重要问题在学术界还没有达成基本共识，从而直接造成军队文化建设缺少科学系统的指导。从开展文化建设的情况看，全军范围内还没有一个能够被普遍推广的成熟方案，在具体工作中不同单位常常处于"单打独斗""摸着石头过河"的境况。

二、发展社会主义市场经济的负面影响

改革开放和市场经济的发展影响深远，其中既有积极的一面，同时也有消极的一面。在一定程度上，市场经济的负面影响表现出扩大的态势，过分强调利益、盲目追求个人利益最大化的功利主义、实用主义思想使一些人丧失了基本的社会公德心和责任感，宣扬"金钱至上"，强调"人不为己天诛地灭""人为财死鸟为食亡"的错误观念在一定程度上被普遍接受，并被视为市场经济环境中合理、正常、正确的想法，是适应市场经济规则而表现出的应有之意。受这些错误思想的冲击，军营中一些官兵个人名利欲望严重，在生活中讲究"交有用的""傍有钱的""靠有权的""找有背景的"，在个人发展中形成"进步靠关系""提升靠送礼"的灰色心理，认为没有关系、没有钱，个人再努力也没用。作为社会主义性质的国家，人人平等、

实现共同富裕是我们国家的根本目标，无论是在社会中还是军营中，我们都应当树立倡导协助、敢于奉献、舍己为人等突出集体主义精神的价值观念，这在表面看来与市场经济所提倡的个人利益至上有明显不同，从而造成了上述问题的出现。当前，部队的主体是在市场经济发展成果丰硕的环境中成长起来的新一代青年，丰富充裕的物质生活条件和市场经济环境的熏陶，使他们的思维更加强调自我，也更加看重精神上的获得感和生活中的实际利益。对此我们大可不必紧张，要看到这种情况不过是"人欲"的正常表现，并不与集体主义的要求相背离和冲突，特别是不能简单地用"思想有问题"来贴标签、扣帽子，人为造成过度的道德批判。

三、西方意识形态和文化的冲击

当今世界从文化的活跃度和影响力来看，以美国为首的西方国家所构建的资本主义价值体系、理想追求和生活方式在全球占有主导地位。在此情况下，经过改革开放的思想大活跃、观念大碰撞、文化大交融，西方式的生活观、消费观和在饮食、穿衣、住宿等方面所表现出的不同强烈冲击着我国的传统观念。特别是在一些西方国家刻意发动的意识形态攻击下，在我国社会由计划经济向市场经济的转型、多样化多层次社会矛盾不断凸显的过程中，对普通民众所造成的精神影响更容易放大和突出。这种影响波及军营，致使一部分官兵不能够正确认识西方价值观念和生活方式背后所隐藏的真实情况，对其盲目的追捧和崇尚。对此，习近平主席指出，一些西方国家加紧对我国策动"颜色革命"，加紧实施网上"文化冷战"和"政治转基因"工程，妄图对我军官兵拔根去魂，把军队从党的旗帜下拉出去。我们在意识形态和政治安全领域面临的挑战十分严峻。全军要保持清醒头脑，切实增强忧患意识、使命意识。新一代官兵使用网络更加熟练，接受各类信息更加快捷，即使身在军营也很容易受到各种社会思潮的影响。在此情况下，如何更加有效地增强军营文化对西方价值观念的抵御能力，在文化吸引力和说服力上占据优势是当前所面对的一个突出问题。

四、军民融合发展程度不高的制约

由于军队的特殊性，通过自身的一套内部运行系统，即使长时间不与外界接触，也能很好的实现自我供给和保障。所以长期以来，我军相对于社会其他部门之间的联系更少，在交往中更加封闭独立，从而形成了一种更加立足自身、依靠自我的工作思维和习惯。进入新时代，社会的大交融大合作已经充分发展，继续"闭门造车"式地开展工作不仅不适应时代发展的潮流趋势，也不利于军队建设的高效运行，甚至会产生阻碍和制约。从目前情况看，我军在进行军营文化建设时，在文化活动等局部领域已经积极地与很多地方单位开展合作，进行了许多有益的尝试，探索了不少可行的方案，地方文艺团体、科技馆、博物馆等机构很好地为部队提供了文化服务。但从整体上看，部队自身与地方进行合作的积极性和主动性还不高，通过军民融合、军地合作实现优势互补、各展所长共同发展的局面还没有形成，社会和地方单位在资金、人才、技术、平台等领域的综合优势远没有被充分发掘。例如，对于新时代官兵来说网络生活是不可或缺的生活方式和习惯，在调研中了解到某地方知名网络科技公司愿意将热门网络手游严格按照防止"失泄密"等要求进行修改，推出"军营版本"安装在军队配发的手机上，但由于此类合作从未有过先例，因此便不了了之。从长远发展来看，不断从宽度和深度上全面加强军民融合发展，对有效提升军营文化建设质量具有重要作用。

第五章

外军借鉴：美俄军队军营文化建设及其启示

有军队就有军营文化。世界各国军队都开展军营文化建设，一些主要国家的军队更是将军营文化建设置于军队各项建设中的重要位置，并逐步形成了自成风格的"理论—实践"体系。从现实表现看，外军军营文化工作既包括精神培育方面的内容，也包括行为、制度、物质载体方面的内容，并将这几个方面视为紧密结合，不可分割的整体。正如克劳塞维茨所说："物质力量和精神力量的作用是完全融合一起的,不可能像化学方法分解合金那样把它们分开。"[①]美俄军队被公认为综合军事实力处于全球领先位置，因此这里重点介绍这两支军队军营文化建设的基本情况，并通过分析从中总结出可以为我军学习借鉴之处。

第一节　基本情况

美军和俄军在军营文化建设中既有各自特色、明显区别的地方，也有很多相同相近的理念和举措。本书侧重探索外军军营文化建设的共性特点规律，重点对美俄军队中相同或相似的做法和特征进行综合性论述。

一、美俄军队军营文化精神模块建设情况

对于现代国家来说，军队的实质都是维护各自阶级统治的工具，并不因为意识形态、社会体制和军队组织形式的差异而有所不同。因此，世界各国军队在军营文化精神模块的建设中具有许多相同之处，如都强调军人的爱国精神、不怕牺牲的战斗精神、忠诚正直的职业精神等，将使官兵产生对统治阶级理念的认同感和信服感，

---

① 李祖发.不战而屈人之兵——谈谈军事软实力的构建与运用 [N].光明日报 2014-11-05（07）.

从而从思想深处产生自觉为维护阶级利益而奋斗的强烈意愿作为重点。从美俄两军进行军营文化建设的实际情况来看，在精神模块建设这一部分有许多相似之处，通过归纳总结可以划分为四个主题：一是都强调爱国精神的培育，这是现代军队作为民族国家存在的必然要求；二是都将加强政治精神的培育视为军营文化建设的应有之意，这是由美俄军队的阶级属性所决定；三是都针对军队的职能使命和军人的职业特点突出对军人职业精神的塑造，这是由军队以打仗为职能所要求的；四是都赋予宗教组织在军队中的合法地位，将宗教精神作为官兵精神范畴中重要的组成部分，这是基于社会历史和文化传统的特殊原因。需要特别指出的是，2018 年俄军重新成立国防部军事政治管理总局，取代之前的俄联邦武装力量人员工作总局。按照新的职能设置，俄联邦武装力量人员工作总局履行的职责相当于沙俄军队以及目前俄军的随军神父、苏军时期的政治委员和负责政治工作的副首长等工作。[1] 其中一项重要职能就是通过精神教育加强包括军营文化在内的军事文化建设。

美俄军队军营文化精神模块建设基本情况如表所示（表 5-1）。

二、美俄军队军营文化行为模块建设情况

行为在现实层面形象地反映着人的存在方式。一方面行为受精神的支配，反映着特定的价值观念，另一方面行为又影响精神，对价值观念产生巩固或削弱的作用。这既是马克思主义事物发展观中意识指导实践、实践推动意识发展往复过程的生动呈现，也是文化作为一种模式和状态逐步得到确立的一般过程。从军营文化中行为模块的建设情况看，美俄军队一致认为经由特定设计和组织实施的行为是文化生成的必然过程，要加强特定的文化导向，必须在行为活动的层面不断重复才能最终实现，并由此在精神上完成由被动模仿到自觉作为的转变。在军营中，官兵每天都从事着各种各样的活动，表现出多样化的行为方式，从其中所内含的文化特质及表现力、各项活动的时间安排比重来看，美俄军队在军营文化建设行为模块部分的主要内容包括以下方面：训练活动、仪式活动、宗教活动、文化娱乐活动、社交活动。

---

① 李志新. 重新重视政治工作，俄军成立军事政治管理总局 [N]. 中国青年报，2018-08-23（012）.

通过这些活动潜移默化培养官兵的行为习惯，形成有利于完成军队任务的行为能力和行为习惯。

美俄军队军营文化行为模块建设基本情况如表所示（表5-2）。

三、美俄军队军营文化制度模块建设情况

如果说价值观、思维方式等精神内容是文化的抽象存在形式，那么制度法规则是文化的具体化、形象化和可操作化的存在形式。制度作为要求集体成员共同遵守的办事规程或行动准则，在不同的行业、不同的部门、不同的岗位都有不同的具体表现和要求。西方国家受历史和传统的影响普遍具有较强的法制精神，强调法律和各项制度的权威性和严肃性，这一点也相应地体现在其军队中，从而形成了规范性、标准性、秩序性的军营文化特色。美俄军队重视立法先行和建立科学的法理支撑，分别建立有完善的军事法规体系。美军法规制度涉及军事、政治、后勤、装备等各个方面，可谓多如牛毛，名目繁多，仅陆军部就有900多种，野战条令500多种，参联会联合条令100多种。从美俄军队开展军营文化建设的实际来看，都将从整体上建立起完整规范的制度体系作为生成文化的重要保证，强调用闭合的制度环境引导和约束官兵形成正确的价值观念和行为方式，既有完备的立法机制，又有严格的执法机制，还有可靠的专门护法队伍，使每名官兵都深刻地认识到自己处于一个有法必守、违法必究的严肃环境之中，从而培育出浓厚的法规意识，有意识地养成依法办事的法制思维和行为习惯。

美俄军队军营文化制度模块建设基本情况如表所示（表5-3）。

四、美俄军队军营文化物质模块建设情况

军营文化建设离不开物质载体的支撑。美俄军队认为高水平的军营文化是建立在高质量的物质载体基础之上的，只有让官兵感受到物质保障方面的满足感和安全感，才能更加深刻的从思想和行为上筑牢特定价值观的文化烙印。离开了物质载体根基而空谈思想和精神，这样的文化犹如筑楼而不固其基，终不过是中看不中用的

海市蜃楼。在美俄军队军营文化建设中，并没有将官兵接触使用的所有物质都纳入物质模块的范畴，一般只将那些既在过程上表现为生成文化的工具物和对象物，又在结果上作为目标物和成绩物的特定物质列入其中。以对象类型进行划分，主要可以分为体现军队特色的武器装备、标识性物质、保障性物质和军营环境。需要特别指出的是，外军普遍认为在军事活动中手中的武器决定了作战的样式、规模、烈度，"有什么武器才能打什么样的仗"，武器本身也是一种文化的物质载体，直接影响着战略构想、战斗精神等方面。对于物质模块建设的重要性可以做如下比喻：以毛笔创作的水墨画讲究意境和神韵，而以勾线笔创作在工笔画更注重细节和写实。掌握的工具不一样，所要追求的目标、表现形式和审美取向也截然不同。因此，加强物质载体建设是文化建设中不可或缺的应有之义。

美俄军队军营文化物质模块建设基本情况如表所示（表5-4）。

美俄军队军营文化精神模块建设基本情况

		美军		俄军	
		基本情况	主要特征	基本情况	主要特征
对爱国精神的培育		1. 军人必须爱国。美军认为军人首先必须是一位"爱国主义者"，只有爱国才能做到尽职尽责，严守纪律，为国捐躯。每一名美国军人都要"爱国且敬业"，并宣誓："我是美国的一名战斗士兵，到国内服役是为了保卫国家和我们的生活方式"，自愿"向国家奉献个人的"。要求官兵随时为生活而履行《品德篇》《人的职责》等一条条例而教育规范。 2. 在全球维护美国利益。在美军人《行为守则》中指出维护美国的利益，为了国家的利益乐于了守纪律，勇于牺牲一切。由于美国长期以来所形成的强权政治和争霸权主义思想，这里面军官的思想是美国应该由美国说了算。这里的"领导者"和"保卫者"，让官兵认为世界上的一切事务都应该由美国说了算，反对美国不仅在传家国家利益，更是在破坏世界秩序，从而将维护美国的霸权地位作为保卫美国和维护世界和平的表现。 3. 维护美国的价值观就是体现什么？要实现做做什么？等价观一起来。将美国情感和维护资产阶级价值观统一起来。通过向官兵灌输"我应该知道改变被别人利用，拉波次少谁曾毕业根本上在美国情网写着"共产主义像的？"军眼内穿着的什么？"格瓦拉头像的下他。并将美国家的情网转换为对资本主义的无数片上论无限崇拜为对军旅式生活史此结束，并在军队做作为一名优秀军官的反面教材。2017年9月，西点军校学生穿着的情怀。对于这一事件西点校发表声明表示担忧，随后美国军方对情报部门立即介入调查，拉波次少自此被开除。	1. 灌输"军队国家化"思想，将爱国作为军人的基本要求。 2. 将对爱国的要求和维护资本主义制度、资产阶级的价值观、生活方式等相结合。 3. 将爱国与维护美国的全球霸权主义相结合。	1. 爱国是俄罗斯的民族遗产。俄军认为爱国主义不仅仅是一种简单的价值选择，它也是俄罗斯公民自我意识的重要组成部分，更是俄罗斯宝贵的民族遗产。2016年京直接将爱国主义称为"国家思想"，并将俄罗斯未来的基础就是这种力量，正如其所说："爱国主义精神一种为自己国家的历史使命感到自豪的情感，寄托着让国家变得更美好、更富足、更强大并创造伟大成就的能力。"俄军认为爱国为俄罗斯民族固有的爱国主义和文化传统，共同的历史铭记记忆是血脉相传的可政变变的民族感情，是加强团结和稳定的基石。 2. 国家利益高于一切。俄军继承了苏联军队队的传统，将国家利益放在第一切的地位为官兵精神建设的重点。武装力量的使命原则是保卫国家安全，维护官民和平生活和安全，并将爱国主义精神贯彻到全体内容各个部的训练大纲中。通过官民对教育，国家历史和爱本国国家的价值支撑和，民族团结结成教育等丰富的形式不断强化为保卫本国利益而战的价值观。俄军专门制定颁布了《关于军人爱国主义教育的若干意见》《关于进一步完善军事爱国主义教育的指导意见》，在爱国的精神培育过程中注重教育。为强化爱国精神，常组建官兵关心和维护国家利益。 3. 用人文关怀育官精神。俄军教育首先是一个中有爱、常怀感恩的。经常会安排战斗英雄到各种做报告，寻找战争遗物，为自己的故乡发展出点子做贡献等活动，以此激发官兵对国家的光荣感和责任感。	1. 爱国就要"重振俄罗斯的荣光"。 2. 将历史传统作为重要内容。 3. 在爱国精神包含民族和阶层的价值观和政治立场。 4. 依托法律、艺术等特色课程熏陶爱国精神。
对政治精神的培育		1. 资本主义是"自由、民主"的象征。美军在共同的美军在共和国度是最好的制度。例中明确表示军必须认同资本主义自生活方式的先进性和优越性。标榜崇吹美国是"世界上最民主、最自由的国家"，"自由世界的堡垒"，美国的社会制度及其他国家不可比较的"自由世界的希望"，能够捍卫这一地位及相关制度。对此，美国一位军军领明确指出："美国应当有一支有的天王光荣。对此，美国一位军军领导明确指出："军队就不能成为一支国主参加的的军队"，只能支持维护。 2. 美国是"正义"的向导度。有"责任"的价值观。站在资产阶级的立场解释和定义什么是"正义"的，反对美国的立场解释和定义什么是"正义"，美国政府在全球兵灌输"正义"的观，最强大"的国家，天赋神圣责任要维护世界和平。 3. 误导军官军官对社会主义的认识。美军在对社会主义国家和社会主义制度时带有明显的偏见和仇视，自冷战时期后一直向官兵灌输社会主义是"最大的威胁"的向导，那里的人民受到蒙骗和压迫、专制、残暴"的思想，美国时代以世界上"最大"的思想，美国时代以世界上"最大"的正义与和平。	1. 具有较强的隐藏性。美军的说教灌输少，更多时候是潜移默化的施加影响，对官兵隐移默化的加重陶。 2. 将维护美国的政治意识形态等同于维护全世界人类的命运。 3. 对资本主义大加赞美，对社会主义无满恶对待偏见。	1. 对国家领导人的绝对服从。作为资本主义国家，俄罗斯虽然也遵循三权分立的同联邦总统、联邦议会、联邦政府和联邦法院构成立法、司法、行政分权的联邦总统，但根据宪法规定将拥有至权力，相互分权制衡。俄罗斯宪法规定对绝对的领导地位。权之上，可以说俄罗斯军实行的是"超级权力集中"制。西方国家元首。因此处在俄军中强调对国等对总统的绝对服从上。 2. 将俄军作为大国同在存在。俄罗斯作为世界大国，都必定实现大的国家、伟大的"这一观念。强调俄罗斯无论过去和将来，都需要全体俄罗斯人的团结。这是俄罗斯"实现这一"宿命"。实现这一"宿命"叙誓坚定执行维护核心价值的政治目标是实现"团结""团结"的政治目标。 3. 整合民族意识形态——的政治向集体意志。俄罗斯有100多个民族，在广阔的国土上形成大杂居小聚居的民族分布。使各民族形成——致的政治价值和政治观念，是俄罗斯对抗西方国家政治和军事精神力量。在俄军中分强调弥合民族的差异、教育官兵无论什么民族，都需求对维护俄罗斯价值观和民族传统都要统一于俄罗的意识形态和政治体系。	1. 在各个不同强调对国家的全局控制。 2. 强调民族性和共性的兼容。 3. 重在多媒体平台开展政治观念的引导育。

续表

对职业精神的培育	美军		俄军	
	基本情况	主要特征	基本情况	主要特征
对职业精神的培育	1. 确立军人核心价值观。美军在全军确立"奉献、忠诚、正直、纪律、专业、勇敢"的核心价值观,不同军兵种还有自己的价值准则,如陆军强调"忠诚、尊敬、奉献、荣誉、正直、勇气",空军强调"正直为先、无私奉献、精益求精"。美国前空军参谋长威特诺言指出:"核心价值观使我们取得成功。这些价值观使我们清通信心,获得持久的勇气,……在最困难的情况下,是这些价值观让我们为战斗做出精神和物质上最了勇气。" 2. 激发战斗精神。美军认为勇气和忠实为主要内容的战斗精神是一切部队行动的基础,战斗精神不仅是一种价值认同,更是一种发自内心开放十精神中的情绪,因此更关注十分注重从精神层面开展战斗精神的实际效果。总的来看可以概括为"六化"准则:一是精细化,数据化的数据保留每一个细节事和处理;二是程序化,对工作的内容管制的不断完善;三是规律化,对具体内容有明确的参照准则和评价的不断完善;四是标准化,对具体内容有明确的参照准则和评价的尺度;五是助动化,注重方法;六是实用化,追求质量建设,节约成本和资源投入。 3. 注重历史和传统的教育。美军认为任何军队都具有其自身独特的文化精神,可以激励部队的荣誉感和使命感,在历史和传统中蕴含着资本主义的文化精神。美军中大部分部队都保留自成立以来的番号或特有名称,陆军还专门颁布了一项条令:规定步兵连、炮兵连等分队要将本连的历史军史、记录本单位的光荣历史,参加过的典型战斗,团成相当于团一级的部队应配发布介尔军文字材料,拥配有照片、图表、战利品实物,要型战官兵"为祖国荣誉无比此的传统与自由而勇于接受一切考验"。 4. 道德教育。美军始终对官兵灌输资本主义的道德正确,将"崇任—荣誉—国家"作为军人的道德品质。在《陆军条令》中规定部队各级统帅军对道德教育的职责,培养官兵诚实的品格,主要围绕《品德格言》《小时的道德诚实、公正、关心他人)《行动指南》《自我修养》等条令条例和行为守则所规定的内容进行教育。	1. 明确军人核心价值观、将战斗精神作为价值观的培育重点。 2. 注重实施的"文化"准则,把战斗精神的培育落实。 3. 注重将国家和军队的价值观和个人的价值观相互融合。 4. 注重对官兵产阶级价值观道德观的培育。 5. 强调法治精神和军队对官兵权益的尊重。	1. 确立军人核心价值观。俄罗斯军队主要通过明确军人职业精神进行军人职业精神的培育。将"荣誉、责任、勇敢"作为俄罗斯武装部队的条例和现行军人准则。 2. 灌输"强国意识"。俄军向官兵灌输因为特有的历史文化、地缘政治和经济特征,俄罗斯定让俄罗斯成为具有世界强国。纷历了苏联解体的衰落、现在的俄罗斯人必须让俄罗斯成为世界强国,并以此作为俄军职业标准的基本要求。 3. 倡导实用主义精神。俄军的实用主义精神首先体现在对自身历史文化和经济实力的务实分析上。承认军事实力落后于美国,现代化水平不够发达、技术水平不达到的条件下,在利弊并存的情况下,不论质疑但存有多大,战军在训练中虽然会有一厂懂的有效地将国家和军队的实际情况、第三体现在行动的模式上,只要明有效地将国家和军队的实际需求紧密结合,激励官兵结合实际发展丰富军事和经济发展活动性。 4. 全面提升官兵综合素质。俄军认为军人应该是国家的精英集团,因此不仅要对官兵的军事素质,还应有较好的技能,艺术学等多方面的知识。例如,针对社会上苹金主义和追求享乐的思想对部队官兵的影响,致使部分兵服役观念淡薄,以权谋私、非法经济培训班、教育官兵重视严密的职业培训、财务信贷、会计核算等课程,引导官兵根据地方市场经济知识和有关技能,为退役后适应新的职业奠定基础,从而很好的起到稳定官兵心的作用。①	1. 激发官兵清醒认识军事建设军事与核心价值的区别,高效与核心价值的区别,自觉自愿的坚决服从命令。 2. 注重本军军事文化的多元性和兼容性,强调各民族和全社会的文化密容。 3. 让官兵清醒认识军事建设军事意识。

续表

	美军		俄军	
	基本情况	主要特征	基本情况	主要特征
对宗教精神的培育	美军认为基督教所强调的奉献精神、正直诚实、与人为善、忍辱负重、宽恕慷慨、隐忍勇敢的美德与美国人职业伦理要求是相一致的，不同种族和民族的官兵都可以通过宗教思想联系在一起。 1. 制定随军牧师制度。美军内的宗教事务由随军牧师承担，武装力量牧师委员会"各级中设置牧师处、牧师科。随军牧师被列入正式编制，目前全军约有3000名牧师，平均每700名士兵配编1名。在《随军牧师手册》中对组织宗教教育的内容、形式、方法等都有明确的规定。 2. 资本主义思想和宗教信仰相互融合。美军官兵普遍有宗教信仰，因此会依托宗教信仰规定官兵心性品行，协助军队进行伦理道德、思想品质、精神情育等方面的教育，巧妙地将官兵对上帝的信仰转化为对资本主义国家制度的信仰，隐蔽地增强了军人的价值观念，隐秘地实现至对资产阶级利益的维护，由此形成了美军宗教和军事相融的独特精神营文化。 3. 运用宗教思想付诸部队管理。作为一支种族多民族组合的美军，为消除种族隔阂的一项重要问题，因为种族矛盾，在遴南战争中曾有4000多名军官死于自己人的枪下。因此美军十分重视在军营中通过宗教活动强调群体生活的重要性，倡导人与人之间如此支受，相互扶持等精神，希望以此化解部队内部矛盾。	1. 将宗教教育作为政治教育的组成部分。 2. 用宗教思想来规范官兵的道德品行。 3. 用现代化的制度和手段与传统的宗教教育形式相结合。	俄军认为宗教信仰对激发官兵精神力量具有不可替代的作用。宗教精神所倡导的价值观念与俄军对军人价值观的高度要求高度契合。 1. 军队中有宗教是历史特殊和现实所需。俄罗斯军队在13世纪就有宗教组织在军队中活动。1991年苏联解体后，俄罗斯军队开始效仿西方军队的建制模式，1994年时任俄罗斯国防部部长的格拉乔夫与东正教大牧师阿列克谢二世举行会晤，发表联合声明宣布将在俄军各级建立宗教事务机构，"俄罗斯东正教会携手合作，共同致力于对军队的精神道德教育和爱国主义教育"。在俄军中，教育官兵认识到历史上宗教在反对侵略、保卫俄罗斯所做出的重要贡献被注入融入俄军战士训练等各项活动之中。 2. 用宗教思想塑造官兵价值观。俄军认为官兵的价值观、道德质素在军事中包含着浓烈的精神表现形式产生积极的影响。俄军正教会在军营中投入了全方位的教育活动，参与到与出海官兵的教育等工作中，极大地改善了俄军官兵的整体思想状况和精神健康水平。 3. 用宗教维护俄军内部团结，受东正教影响，俄罗斯不同民族、不同地区，不同社会阶层的民众在思维观念和现实利益上差异较大。俄军为了减少由这些差异导致的内部冲突，要求随军神职人员关注近部关系的协调与兵种间各种矛盾的调解工作，竭力预防严重冲突和违法行为的出现。	1. 军队与宗教组织的合作带有现代意味的意味。 2. 随军神职人员在工作内容上类似政工干部。 3. 除宗教之外，其他宗教也可以在俄军中进行活动。

① 刘衡等. 外军政治工作 [M]. 北京：海洋出版社，1999:291.
② 徐娜，肖楚. 21世纪俄罗斯推进公民政治爱国主义教育发展特点研究 [J]. 比较教育研究，2019，41（03）:10-16.
③ 徐娜，肖楚. 21世纪俄罗斯推进公民政治爱国主义教育发展特点研究 [J]. 比较教育研究，2019，41（03）:10-16.
④ 吴志忠. 外国军队政治工作研究 [M]. 北京：解放军出版社，2018:124.
⑤ 美国空军核心价值观教育 [M]. 北京：解放军出版社，2008:6.
⑥ 外军战斗. 外军思想教育10法 [J]. 政工学刊，2004（10）:58-59.
⑦ 尹东升. 外军政治工作内容体系辨析与借鉴. http://www.360doc.com/content/20/0226/02/37046167_894857785.shtml.2020.
⑧ 吴志忠. 外国军队政治工作研究 [M]. 北京：解放军出版社，2018:115.

表 5-1　美俄军队军营文化精神模块建设基本情况

美俄军队军营文化行为模块建设基本情况

	美军基本情况	俄军基本情况
训练活动	以类型和目的来区分，美军在军营中所进行的训练性活动可以分为以下三种：军事训练、政治训练、心理训练。 1. 军事训练。军事训练是世界各国军队的根本职，美军在军营中特别注重，除了通过军事训练增强官兵的战斗意识外，美军还十分注重"强者优先"的文化观念、身体素质当然具有某些方面具有利于激发官兵拼搏奋进的竞争意识，但也助长了美军霸权主义思想有"强就是理"的竞争误观念。 2. 政治训练。政治训练在美军中占有重要的地位，其主要形式是开展各种内容的政治理论教育和学习，并合格的政治训练在美军中是每年规定的依据之一。除了每周阶段定的政治教育外，美军经常会对官兵进行政治理论和时政热点的测试，并将其成绩作为考核官兵素质的依据之一。美军还会通过媒体和其他形式进行配合宗教活动，为了增强政治教育的效果，专家学者和流动的政治讲话和时政就是伴随一些军队的立场和态度，美军还会通过媒体和其他形式进行宗教活动、仪式活动方面都给予足够重视。 3. 心理训练。心理训练和政治训练同属于细心理训练的相关机构，美军在战斗力比较强大的组织军队与心理教育的单位，基层单位的心理咨询专家，在编制上也有相关的专业人材岗位，知专门进行心理咨询和压力疏导的医疗行进建立设立了有专门的心理咨询课题专家，社交工作官员，心理健康军士等。美军既有十分注重生命质量，提高生产率，也注重从心理训练能融人类军营活动中。比如美军"体育健康军"，心理健康军等可以锻炼人的身体素质，参观军队历史博物馆，通过重温历史来教励的士气和增强官兵心理素质建课调和自豪感。	故根据美军训练活动的类型不同可以对俄军的情况进行比较。 1. 军事训练。俄军重视"训练越逼真，打仗越轻松"理念，坚持按照实战标准开展军事教育和俄实战演练兵备战，认为良好的身体素质和过硬的军事能力是保证打胜仗的基础和前提，实现的战斗力约确立为作战思想要构建"真实或接近真实的战场环境"，在训练中不搞虚拟，力戒训练走过场、避免做"眼镜教育"，坚决做到"不唯书、只唯实"，曾经有过的一些口讲定要多"北架子"的"北架子"和注重形式化不重内容已经在俄军中被彻底取缔。 2. 政治训练。俄军每天必须收听收看新闻广播和电视节目，组织官兵阅读主流媒体的报纸动向，特别是在俄军中发行最大的《红星报》是官兵政治信息学习新媒布法规的重要纸媒。 3. 心理训练。俄军对心理训练高度重视不断提升，《在俄军武装力量军人工作条例》和《俄罗斯武装力量保障体系》团、营、连三级均设别是在军心理工作中发行最大的《红星报》是官兵政治信息。 4. 中特精神军心理保障单列出来与作战保障、后勤保障和技术保障共同构成俄军保障体系中的一项专门的训练的锻炼砥砺立心理训练中发行最大的《红星报》是官兵政治，特点一是注重实战模拟，通过各种模拟器材和设施营造出逼真的战场环境。考察和锻炼官兵在实战中生存能力的同时锻炼心理，让官兵在"实际了解战争，严重的实战组织心理训练能的同样处置多各种挑战，在编制专业中给予官兵生存能力的同时锻炼砥砺战时的心理品质和稳定的训练，在相关机构人员也有明确的编制要求，比特、各种种、军区和心理和稳定的训练，各各单位中专心理工作的机构和人员也有明确的编制要求，比特、各种种、军区一级单位设立的心理健康复建军军专业主任1人、心理生理军医2人、心理生理军药师各1人、精神病医师和药师各1人。
仪式活动	开展各类仪式活动是美军军营文化生活的重要内容，通过仪式活动中特定的程序，环境、形式等氛围的营造，可以对官兵起发思好的教训相关文化行为上产生生积极的文化引导作用。美军各色的仪式，如建军纪念日、独立日、感恩节、特殊任务和特种心理疗外部动员赴国、退出现役、军人入伍典、重要各色的日等，重要务各的仪式，如官兵就职、都会有全体人员参加的"部队建立仪式"结性的仪式。此外，美军还围绕历史和特殊军营纪念日等展开，除了全军性的"部队建立仪式"和"部队建军纪念日"外，各种种都有自己的纪念日。当失败都会组织开展仪式史观，参观军队历史博物馆，重温历史来教励的士气和增强官兵的职业荣誉感和自豪感。	俄军十分重视军队仪式活动，不仅在军衔的开展程序严重的仪式活动日、重大纪念日、重大宗教活动中开展程序严重的仪式活动日、在日常各色的仪式活动也在军营中经常开展，例如各色军训各色务官开、重大纪念日。例如俄军大到俄罗斯，发挥机、小到剖立入、子弹在保护那里坚持保持信仰的人。在作战中用武器素备在作战时有开放、有仪式是否多加特殊人员的编制设置更不像军只有重者或者设置的随军牧师，而是由俄军人的实际情况或了解全面具体、个别仪式军训、军人工作助成，属于文学编制。例如俄军规定在军人宣言、官兵们会穿着整的军装，武器列装仪式、武器列装仪式、晋职授衔、立功受奖、例如在俄军队仪式是主持的宗教活动、官兵们会穿着整的军类荣誉上级教育、在野子上级教育、预防军人犯罪，让教育活动中都是由神职人员主持的宗教活动行为，也系由军事制度关开展重要宗教活动中都是由神职人员主持的宗教活动行为。
宗教活动	美军既把宗教信仰作为满足基本的个人精神信仰和社会道德的源泉，宗教意识形态化。宗教政治化，宗教和爱国主义的融合往往是意识军队文化行为上产生积极的文化引导作用。美军的随军牧师不管了80%以上的精神教育课程，军营官兵还进行了了解全面面具体、个别牧师基至到所小时，随军牧师广泛深入部队，与重要各色的仪式节，与军营官兵进行大量交流。对基层神教师不仅个别咨询师基至到所在部队的一士兵卒，任务和目的的仪式，家庭情况，工作、爱好、立功立奖和违级活动。针对思想思想和心理状态了解和掌握，他们可以针对思想问题及时做出针对性的个别牧师家长、十字架、牧师在军营中所宣扬的献身精神是对所谓"献身精神"的士神和用运用，十字架上受难的那基满足信仰的需要，例如在军营中所宣扬的献身精神是对所谓"献身精神"的士神和用运用，当祖国受到敌人宣扬表现十神的至圣。是革命献忠的军队精神来满满爱国教育方面发挥着重要作用，让官兵归属同国家坚定起对国家政治制度认同和对身神的使命同国家政治制度认同和对身神的认识认识斗争。	俄军赋予宗教武装力量信教官兵工作组织条例》中明确规定：军人依法享有宗教信仰自由的权利，有仪仗是否多加宗教仪式，指导活不干预。俄军中宗教人员的编制设置不像要只有者或者设置的随军牧师，而是由教军人的实际情况所决定，例如，第一单位中一种宗教的信徒多超过了全员的10%，就可以设置该宗教的随军牧师，而是由教军人的实际情况所决定、晋职授衔、武器列装仪式、官兵们会穿着整齐的军装。例如在军营中都是由神职人员主持的宗教活动、官兵们会穿着整的军类大型活动中都是由神职人员主持的宗教活动，在野子上、例如在俄军队仪式是主持的宗教活动的内容是对身神多方面的行为，也系由军事制度关开展重要宗教活动中都是由神职人员主持的。预防军人犯罪，让教育活动中用的宗教机构向苏联时期坚守自己神圣那里坚持保持信仰的政治信仰的原苏政治制度系统，将宗教工作人员视为政要，指导员、士的活动已经高度政治化。俄军中的宗教活动已经高度政治化。俄军中的宗教活动已经高度政治化。

续表

	美军基本情况	俄军基本情况
文化娱乐活动	美军认为军营文化活动是不松不宽中对官兵进行思想修养、施加政治影响的绝佳方式，因此十分重视军营文化娱乐活动的组织开展。 1. 在机构设置和人员编制上有明确规定。在国防部有新闻和娱乐教育局主管文化娱乐服务中心"，并设专职"娱乐勤务军官"专门负责文化娱乐活动的组织开展。 2. 经费保障充足。据不完全统计，美军现有几十个文化娱乐中心、和平人俱乐部、乒乓球室、台球室等，每年的建设经费高达30—40亿美元之多。 3. 重视文化娱乐设施建设。美军中无论是基层营房、阅览室、影音放映室、电视机、各种球类、游泳池等文化娱乐场所设施齐全，有条件的单位还建有降压室、按摩室等。 4. 活动形式丰富。美军经常组织文娱演出，体育比赛、聚会聚餐活动。比如，会在周末安排集体文艺休闲活动，将体能训练和体育比赛结合开展，也有部队和地方组织的会演，利用节假日时间组织郊游和野外郊游等集体活动，通过体育竞赛等身体的目的，达到锻炼身体之间的兴趣活动。	俄军认为文化娱乐活动是俄罗斯军队精神建设方面不可分割的组成部分。在军营中主要分为专业团体提供的文化服务和业余文化活动两种类型。 1. 专业化文化服务。2014年5月，俄罗斯国防部决定成立俄军文化管理局，专门负责俄军的文化。按照方案左右恢复了所有军事学校和国防部军事大学专业演出团体，国防部电影工作室、俄军科研科学家旅到军营中进行慰问演出。 2. 业余文化活动。俄军中业余文化活动主要是开展文体活动，组建兴趣小组，开展文体活动，包括举办小报、组建兴趣爱好的合唱队、乐队、舞蹈戏剧组及各类体育小组，提供专门会成专题讲座、设施和经费供其开展相关活动，如在俄军中，很多单位都有自己的合唱、乐队、舞蹈戏剧组成各类兴趣爱好小组，一方面选送安排俄军中文化名家和专业人士到部队进行美术摄影、文学创作等各类培训。
社交活动	美军认为社交活动是军人与军人之间，军队与地方之间沟通了解的重要形式，可以帮助官兵产生积极的心态和愉悦的精神状态。既能保证官兵对实现自我的需求，也表现满足对社会和值得珍重关系的重要途径。从形式上主要分为两种类型。 1. 内部社交。美军以生活多不良心理。因此，在军营相对封闭的环境中，美军方官兵提供多种形式的社交平台，更重要的则是美军在生活交往中注重多样化的网络游戏，爱好自由加入，陆军一些部队还会组织官兵一起玩多人协作类型的网络游戏，以此增加友情与战友之间的托情。 2. 对外社交。美军在进行社交建设时并不局限于军营的特定空间内，而是十分注重借助社会和军人家庭的力量。例如，美军把每年的5月23日作为"全国家庭节"，每年的11月24日至30日作为"全国家庭周"，鼓励军人参加社会开放日活动，邀请地方民众参加开放日活动。此外，美军还激励军人参加社区活动，让官兵感受到社会英雄、热爱军队的热情，从而加强此组织军人家庭，地方政府一般还会设置"劳军机构"（USO），会根据条件建设供军人及家属进行文化活动的娱乐部俱乐部设施，并有计划地到军营中进行演出和慰问。	俄军在很长一段历史时期将军队与社会隔离的管理办法，不注重借助社会和军人家庭共同进行军营文化的建设。后来经过现变的实践活动，才逐渐认识到社会和军人家庭作为培育军营价值观的重要途径。从形式上看，俄军的社交活动主要包括三种类型。 1. 参加国家组织的活动。俄罗斯地方政府组了会定期或不定期地到军营开展观念和慰问演出外，还会组织官兵到各种社会生产活动中所含着的问题。通过参加这些活动增强官兵中心受欢迎民众社会活动的支持，从而有效增强官兵的爱国情感，提升道德品质。 2. 参加社会慈善活动。俄军认为宗教活动有利于替代慈善的慰藉，不可拒绝的神圣氛围来增强官兵对增强官兵的爱国情怀。因此在重大宗教节日会激励官兵参加有强烈仪式感的社会宗教活动，加强职业慈善联系。俄军相信家庭的力量可以对稳定军人心理状态产生积极作用，鼓励官兵多和家属开展文化体育活动，实现军营文化生活的重要意义。从形式上看，每年大年会开开会议，执行允许离退休官兵人数到军队里工作，保证军人精神中心里的稳定。在新兵教育期间，为解决好新兵适应军营生活的问题，俄军允许家长陪同新兵一起到达服役地点。并可以参加服役委员会议，在新兵服役时期，免费向新兵提供和家人经常联系的会和条件。[④]

表 5-2　美俄军队军营文化行为模块建设基本情况

①［美］罗伯特·拉什·张似田．美国陆军士官指南[Z]．北京：解放军出版社，2003:177.
②尹东升．外军思想教育10法[J]．政工学刊，2004（10）:58-59.
③尹东升．外军思想教育10法[J]．政工学刊，2004（10）:58-59.
④李小燕．俄军利用社会资源开展思想教育的主要做法[J]．军队政工理论研究，2012，13（04）:119-121+128.

美俄军队军营文化制度模块建设基本情况

	美军基本情况	俄军基本情况
科学完善制度体系	美军的各类法规数量繁多，已经构成了比较完善的制度体系，用于规范军事实践中的各种行为。一是法制机构健全。美军中专门的军事立法机构、司法机构，下到部队，在不同层级上至国会，下到部队，在不同层级发挥作用。二是军事法规完备。总统颁布的国防指令、国防部长下达的各项命令，各军种部制定的标准化行动程序等。美军中军事法规涉及军队活动的方方面面，目前有通用法律法规100多种，各军兵种还制定有自己的条令条例等规定。仅陆军就有900多种。三是法律服务完善。美军中有专门人员为官兵提供权宽泛的法律服务，包括代理军人房地产意外事故、财产继承、税收、保险、消费者等诉讼；代写遗嘱、合同、诉状等法律文书；帮助官兵解决有关军营级保密、荣誉军规、纪律处置、退休待遇、退伍军人再就业权利、军人救济等方面的涉法问题。	俄军认为军事法规和条令条例是用鲜血和水换来的实践总结，是经过反复论证的科学认识，是作战训练发展的基本规律。国防部和各级司令部颁发推进的各类军事法规既注重顶层设计，同时也十分重视基础地位。在日常规范军人的一切活动中，俄军参照最频繁的条令条例之多，严格规范军队和军人的条令条例。俄军法制建设既重视军队的条令条例工作，俄军参谋部机关工作，再提集层级均成合概齐全、体系完善，从国家安全战略、军队指挥、后勤保障、演习训练、部队管理等专业领域均具体到原则、要求、还非常有实践指导性。对实际工作程序、内容、方法等都有明确的规定。
牢固树立法制观念	美军将加强官兵的法制意识作为军队法规教育的重要内容。通过从整体上营造法规教育的良好氛围来增强官兵的法制观念。一是将法律制度作为军官、军士和士兵手册等提供官兵学习，并于下发的依官兵阅读。对于含有重要内容的手册要求人手一本。二是运用依官兵俱乐部、电视、电台广播、报刊和图书馆等多种传媒平台举办法规知识竞赛、讲座、培训班、座谈会等活动，反复宣传军规、军纪中的主要内容以及遵纪守法的重要性。②	俄军主要通过开展法制教育和案例警示来增强官兵的法制观念。法制教育通常由富有经验的指挥员、文职人员、司令部工作人员以及军事法律专家讲授，有时也会请地方法律专家进入军营开展讲座和答疑会。连队中的相关军官都要定期到法律学校学习，以便更好为官兵开展教育和知识测试。法律事务。俄军会对军官和士兵分别进行法律知识的教育，并经常组织官兵参加各种形式的案例和军事法规知识考核，合格方能提升。俄军还经常给各部队内发生的案例或要对军事法规知识进行考核，通过集体组织观摩等形式进行一案一课，的案例教育，在生动的情境中以"事"说"法"，强化官兵的法律意识。

续表

	美军基本情况	俄军基本情况
规范军队正规秩序	美军历来重视用军法和纪律控制部队，其范围包括从军人的组织机构，任务、人事、到军人的着装、休假、出差等各个方面。美军各个法规制度管理和控制之中，美国武装力量现行基本法——《统一军事司法法典》中规定了遭自首前、违抗命令等58种行为要受到惩处，即使是在平时擅自佩戴非上级授予的勋章、奖章也要受罚款处罚甚至监禁6个月的处分。美军对正规军营秩序的管理体现在细节之中，很长一段时间里，美国海军明文规定禁止在军营内打伞。并且围绕"能不能在军营内打伞"持续争论长达20余年，最后在1987年通过法规废除了"禁伞令"。就打伞一事，美国海军专门配套制定了3条军规：一是只能左手打伞，以便右手敬礼；三是不能有装饰品。在对军营活动的规范也是从严制裁，对违反纪律的官兵严惩不怠。另一方面也强调对官兵较高的社会地位和待遇，鼓励官兵用合法手段维护自身权益。	俄军强调军人从起床到熄灯的一切日常活动都要依据条令条例的要求严格进行。俄军的条令条例主要分为共同条令和战斗条令。共同条令为规范军人的日常活动，战斗条令为实施战斗行动提供纲领性规范。俄军对军人行为的管理非常领性规范。俄军的共同条令还明确的要求，军校学员如站岗一样。在一次演习中，两名士兵因剃光头，会被处罚外罚站了两个星期的皮鞋怎么擦、衣服怎么放都有非常的靴子。俄军对军人行为的管理细到军中对于皮鞋怎么擦怎么擦，衣服怎么放都有非常明确规范。俄军的共同条令还对在战场中用多根的铁丝做成铁丝网，铁丝网要设置多高，最下边一根的铁丝离地面有多少厘米都有非常明确的规定。[③]

表 5-3 美俄军队军营文化制度模块建设基本情况

①冉玉祥，李树. 外军战斗文化的建设及启示[J]. 海军工程大学学报（综合版），2014，11（02）：14-18.
②冉玉祥，李树. 外军战斗文化的建设及启示[J]. 海军工程大学学报（综合版），2014，11（02）：14-18.
③陈婷. 俄军：改革之路法制护航[N]. 解放军报，2014-10-17（07）.

美俄军队军营文化物质模块建设基本情况

	美军基本情况	俄军基本情况
武器装备	实用主义是美军军营文化中一个十分鲜明的特征，这一点集中表现为对各类物质条件的高度依赖，特别是对战场上武器装备作用和地位的认识上。从第二次世界大战的经验，多战役中可以看到，在失去武器装备的情况下，选择投降在美军看来是很自然的一种行为。例如，美军认为生命是最值得捍卫的是生命，而要保护生命，最有效的手段就是先进可靠的武器装备，一旦失去了武器，即使是军人选择放弃战斗也是天经地义的事情。因此，美军十分重视发展先进武器装备，通过训练和实战让官兵相信自己手中的武器装备有足够的能力完成作战任务和保护自身安全，其意义不仅仅是提高战斗力，还可以有效地增强官兵的安全感和自信心。	俄军的"新面貌"改革对武器装备提出了新的要求，大量先进的武器装备在部队列装。仅2016年，陆军就接收930个（套）新式武器装备经过改造升级新型的作战形态，包括260架无人机在内的105套无人机作战系统投入使用，极大地改变了俄军的作战形势。俄军强调发展义的新一代"撒手锏"武器，在观念上形成了对新武器装备的思想认识。俄军在对称"撒手锏"军事战略意义上注重细节，会尽可能详细的说明不同武器装备的技术特点及优势、不足，增强官兵对其军械讲解和训练中注重……的熟悉度和在实战中根据实际情况正确做出回应的参数指标，会把不同型号的样品送到官兵手中进行质量性能、人体力学等各类测试，尽可能地做到了量产的武器符合官兵的使用习惯，让官兵满意。
标识型器物	美军善于利用在军营中、军装上设置带有显著文化特征的标识性器物，以此实现对官兵的意识影响。美军对参加各种仪式活动所形成的氛围来渲染官兵特有的感官激发和生理影响，同时会赋予子活动中所使用的各类物品特殊的意义。例如，美军会在仪式上组织观看本单位所走过的武器装、英雄人物的遗物等富含文化价值的物品，以此激发官兵思想上的认同和行为上的自觉。此外，美军还注重通过颁发各种象征军人职业荣誉的勋章、奖章、徽章和纪念章来增强官兵作为军人的自豪感和荣誉感。仅在建军期间，美军就颁发了127万多枚各类奖章，相当当时参战人员总数的总和。据不完全统计，美军现行各类奖章共有六大类八十多种，不同军兵种基至专业岗位都有相应的设计，其中包括航空兵奖章、潜水兵奖章、品行优秀奖章、修理工奖章等。	俄军十分注重用标识作用的物来承载教义和道路，不仅体现在军装和生活用品的各类标识中，还会用英雄人物的名字命名各军营中的纪念性建筑和英雄雕像。例如，在《俄联邦武装力量内务条例》中有一条特殊规定："在宿舍明显的位置上，艇）名册或英雄荣誉士兵（海军士兵、舰队）的人员遗放一张床铺，并经常保持示范状态。在床头上悬挂镜框内的英雄肖像和功勋简介。"在俄军中还继承了苏联军队的传统，设有"永久花名册"，本单位的英雄人物会被永远列在名册中，时刻营造崇尚英雄和荣誉的风气。

续表

	美军基本情况	俄军基本情况
保障型器物	美军的物质保障水平处于世界一流，各类军营中需要的物质产品供给充足，用以开展文化活动的各类设施用品丰富多样。 1. 文化装备完善。美军绝大多数单位营区内都有正规的俱乐部和比较完善的文化活动设施，不仅有娱乐室、阅览室、图书室、卡拉OK室、保龄球、游泳池、健身房等丰富齐全的场所，在设计布置上还十分注重美观和人性化。在国防部系统领下还有专门的文化保障部门，配备有大型文艺演出设备，大功率网络连接设备和卫星通信器材，为作战期间军营文化活动的开展提供有力保障。 2. 文化产品丰富。美军用以丰富官兵文化娱乐生活的产品种类十分丰富，光是面对基层部队发行的报纸刊物就多达1400余种，每年会生产大量的影视作品、戏剧等各种艺术形式的文化产品，还会根据需要不断推出创新产品。比如在陆军中配发印有美国核心价值观的3.5厘米大小的精美卡片，让官兵一种信用卡大小双面打印诠释陆军价值观和《士兵守则》的卡片要求士兵随身放置在钱包中，让士兵们时刻牢记自己的职责和义务。 3. 网络传媒发达。美军的互联网建设走在世界各军种部门的前列，从国防部到军兵种、参谋会、9个联合作战司令部，驻外军事基地等各部门都有自己的网站，全军在互联网上开设的门户网站有千余之多。美军十分注重通过广播电视系统进行宣传教育活动，广播电视网络覆盖全球大部分地区，拥有9颗卫星，1000多个广播出站点，仅面向亚太地区的美军部队就有9个广播电台，4个电视台各为其服务。美军太平洋总部把很多驻亚太地区美军部队和驻在美网络系统中，既向官兵介绍这些国家的基本情况，又潜移默化地对这些国家和地区进行美国文化的输出。	俄军发照"军事改革完善，军营内的各类物质保障水平全面提升。 1. 文化设施齐全完善。俄罗斯军队用于军营文化活动的各类设施用品保障充足。在规模较大的营区内建有俱乐部，由娱乐勤务官（俱乐部主任）负责管理和开展各类活动，连队中一般都有专供文化活动的场所，如阅览室、卡拉ok室、台球室、健身房等，各类教育用品和体育运动器材设备完善。 2. 保障质量显著提升。俄罗斯军队普遍采用将餐饮外包伙食的保障模式，由国防服务公司下属的"军人贸易与日常服务"公司作为俄军执行的新军人口粮供应标准更加科学合理，目前俄军执行的营养水平。一些连队膳食中的营养配方已经达到世界先进水平。在被装方面，近年来俄军不断研制新式军装、常服、作训服、礼服等各类服装使用最新工艺和高质量真皮，鞋底使用高强度的材料质地明显改善。 3. 加快网络服务发展。俄军大力加强互联网建设，在国防部设有面向社会和部队内部的不同专门网站，目前已陆续在全军各单位开设微机教室，让官兵通过互联网及时了解军内外的各种信息。同时俄军对微机教室的管理使用有细致的规定。对访问的内容和搜索的关键素有筛选监管。
军营环境	类似于我军军营也常可以看见体现军队建设目标和反映资阶级价值导向的各种布置。在美军一些军营中，政界和军界中历史名人塑像随处可见，各类标牌、模型等。宣传画、模型等。各类标牌、宣传画广泛张贴悬挂在宿舍、食堂和训练场等多种场所，甚至连"忠于祖国、无私服务、牺牲奉献、诚实正直、结交爱"等一些我们耳熟能详在他们的营区的墙壁上。	俄军注重营造战争情境，在军营中常可以看见体现军队的标语、宣传画、悬挂历史上著名将领的画像、设置军事色彩鲜明的塑像等象征物。例如，俄罗斯总参谋部军事学院——进门就有战争硝烟的火炮和留有弹痕的战车等距离一立在道路两旁主楼的大门前面，列宁勋章、红旗勋章、胜利勋章三枚代表国家和军队最高荣誉的勋章悬挂在主楼大厅正上方，使人身在其中油然而生对国家、军队和英雄的崇敬之情。同时，俄军还注重在营室环境氛围的营造，在宿乐军旅学校——一个小学从军校毕业时的营造，在宿舍里床位、床上竖立着他的半身塑像，床后是他最后一次与战友作战的壁画。[1]

表5-4　美俄军队军营文化物质模块建设基本情况

第二节　主要特点

美俄军等外军军营文化建设受本国国情军情影响，有着一整套适合他们自己的做法，总的来看，具有以下一些鲜明特点。

一、将价值观培育作为精神模块建设的核心

从文化产生影响的形式来看，价值观对人在精神上的影响无疑是最深刻、也最有现实意义的。一旦从精神上确立了特定的价值观念，其巩固程度是靠物质刺激、行为模仿、制度约束等其他文化形式所无法比拟的。因此，美俄军队在军营文化系统中将精神模块作为军营文化建设的重要内容，其中又将对官兵价值观的培育作为核心，置于重中之重的位置。

价值观是综合道德水平、知识程度、政治立场等多方面因素所表现出的精神批判标准和思维模式。以美俄军队为代表的大多数现代国家军队，都强调军队价值观与国家文化价值取向、军人与资产阶级思维观念的高度一致，要求官兵必须捍卫资本主义的意识形态，接受资产阶级的政治主张和阶级诉求并维护其利益，自觉自愿的为资产阶级所推崇的社会制度、生活方式和理想追求所献身。为了实现这一目标，外军的普遍做法主要有：一是采用正面灌输教育与侧面引导教育相结合的方式。例如，美国各军种都有自己的核心价值观，陆军安排有每周半小时的价值观灌输教育课。同时，在美国杰克逊堡陆军训练中心，"军人价值观"的六条内容被制成宣传画、标牌广泛张贴，办公楼走廊里、训练场道路旁、连队宿舍墙柱上、士兵餐厅的房梁上到处挂的是这六条（奉献、忠诚、正直、纪律、专业、勇敢），每个军人随时随地都处在"价值观"教育的氛围中，不断受到熏陶。俄军一方面理直气壮的开展价值

观教育，对全年精神教育的内容、授课人资格、总时间等有明确的规定，以讲授教学的形式通过数量频率上的重复逐渐让特定价值观成为官兵习惯性的本能反应。另一方面又注重潜移默化的间接影响，通过组织参观纪念馆、参加地方爱国拥军活动等丰富多样的形式在官兵中不知不觉中建立起对特定精神观念的认可和遵循。二是善于运用现代传媒平台和工具。科学技术的发展极大丰富了信息获取的渠道、加快了信息传播的速度。美俄军队已经构建起较完善的现代化信息传输平台，从纸面到屏幕、从文字到语言、从固态到动态地让官兵在多样化的媒体渠道中进行体验和接受教育，不断增强价值认同。三是注重发挥全社会的力量。从外军的普遍做法可以看出，他们在观念上一致认为文化建设是一项综合的系统工程，需要各个领域、各种类型的社会部门共同参与其中。军营文化虽有特定的时空和群体界定，但其建设不单是军队组织和军人群体的事，而是社会整体和全体社会成员共同的责任。

二、将提升行为能力作为行为模块建设的根本

人是文化的主体，也是表现和反应文化影响力的客观载体。军营文化所倡导的价值观念、行动方式在军人的动态活动中体现的越多，说明军营文化建设越成功有效。因此，外军普遍将对官兵能力素质的锻造作为军营文化建设的终极目标，将人的因素视为战斗力中最重要组成部分。正如美军在《军事构想》中写道："人是我们做任何事情的关键，军人永远是我们编队的核心。制度不会自己转型，是人使之转型……没有技术娴熟、能干、富于奉献精神的人，那么无论我们的武器多么具有杀伤力，无论我们的编队多么具有战略反应能力，都无济于事。"[①]从美俄军队的经验来看，其特点主要体现在以下方面。一是以结果为导向的认同观。军营中的各类行为活动的根本目标在于培养和塑造适应军事任务需求的合格官兵。衡量和评价是否达到标准的依据不在于怎么说和怎么想，关键在于做得怎么样。在这一点上，美俄军队无论是开展军事训练、精神教育或是军营文化娱乐活动时，不只看重过程和形

---

① 外军观察：美军转型文化的主要特征 [N].

http://mil.news.sina.com.cn/2006-03-15/0615357007.html.2006.

式，更看重官兵在经过这些活动之后是否在现实表现上有所改变，以"用事实"和"以行动"说话作为军营文化行为模块建设价值的判定标准。二是重视发挥军营骨干的作用。从美俄军队的人员结构来看，基层的初级军官和士官这两支队伍在军营文化建设发挥着骨干作用。美军中多数军官处于社会中上阶层的家庭，大部分是资本主义制度和政治观念的既得利益者，是天然的资本主义私有制和资产阶级民主的坚定拥护者和自觉维护者，在军营中必然会传播和向士兵们灌输资产阶级"政治正确"的思想。同时，军营中本就具有严格的等级秩序，军官一言一行都在潜移默化的影响和熏陶着士兵，"军人的心态主要是由那些自愿的、来自各种背景的军官的态度所主导的"[①]，由这些军官主导军营文化建设，必然会"紧密地围绕保持其制度完整这个中心成功地把思想方式灌输进每个人的脑子里。"[②] 虽然大多数军队在编制设计上没有像我军这样专门从事政治工作和开展官兵思想精神建设的单位，但在各级军事机构中都有从事类似工作的人员和机构，与军事指挥、管理体制融为一体。从大多数国家军队的实施情况来看，普遍的做法是由军事指挥官身兼两职（即我军的军事主官和政治主官），统一领导和实施军营文化特别是精神模块的建设。例如，美军陆军训练法典规定，"在制定长期训练计划时，指挥官应该对训练环境进行评估……训练环境包括：生活质量、人事任命、人员调动、军事职业适合程度、机会均等训练、吸毒和酗酒、保健福利和士气、文化教育、体育训练计划、营舍分配、纪律。"[③] 美军中隶属于各级支援司令部的牧师处、科、基层的娱乐军官、军法军官、历史军官和牧师军官作为指挥官的支援机构和助理参谋人员，会协助从事精神培育的相关工作。此外，美陆军的营连基层单位设置内部信息官和教育官，由少尉或高级军士担任，主要负责对士兵进行宣传教育，进行国际形势的介绍和灌输资产阶级价值观，组织士兵开展各类文化娱乐活动，从各个方面对士兵生活进行精神影响和行为引导。

---

① Mark J.Eitelberg &Roger D. Little,"Infuential Elites and the American Military after the Cold War"in Don M. Snider &Miranda A. Carlton-Carew,eds.,U.s.Civil-Military Relations In Cricis or Transition（Washington D. C. :The Center for Strategic and International Studies, 1995）,p.45.

② [美] 安东西．奥罗姆．政治社会学 [M]．上海：上海人民出版社，2006:317.

③ 美国陆军法典 [Z]．北京：军事科学院出版社，1989:125.

俄罗斯军队继承了苏联军队的一些传统，并结合时代需求做出相应调整，《俄联邦武装力量人员工作负责人职责》中规定团、营、连三级的副职军官主要负责部队的政治性工作，其中包括对官兵的精神教育。再一个是重视发挥士官的作用。美俄军队中军官流动性大、调动频繁，在同一岗位上很难长期任职，而士官和专业军士多为在同一军营中服役多年的老兵，无论是军事训练还是日常生活都和士兵们朝夕相伴，熟悉和了解军营中的基本情况和士兵在思想、生活中的需求，相对于军官在士兵中具有更大和更广泛的影响力，在各项活动的开展中和面对突发情况时具有较高的威望，因此自然成为军营文化建设的骨干力量。例如，美军作为世界上施行士官制度最成功的军队，军队中的士官占总兵力的64%，超过100余万人。日本自卫队对士官的责任更为细化，在基层单位安排优秀士官担任班长，负责对士兵的思想状况和生活表现进行详细记录，还有专门的"生活指导士官"负责士兵的日常养成管理和思想教育，"业务指导士官"负责士兵的军事训练和专业培训，在团、营一级的单位中还设有"特别指导士官"，负责对思想和管理中问题严重的"刺头兵"进行管教。三是格外重视军事心理训练。军人的心理素质由其先天条件和成长经历等多种原因所决定，但同时也可以通过专门的训练和有意识的锻炼进行完善和提升。美俄军认为军人坚强的精神品质和健康的集体心理是保证军队稳定和战斗力的基本条件，近年来越来越重视对官兵心理素质的训练。对此，著名军事家克劳塞维茨曾有过经典表述："一支军队，如果它在极猛烈的炮火下依能保持正常的秩序，永远不为想象中的危险所吓倒，而在真正的危险面前也寸步不让，如果它在胜利时感到自豪，在失败的困难中仍能服从命令，不丧失对指挥官的尊重和信赖，……如果它只抱有保持军人荣誉这样一个唯一的简短信条，因而能经常不忘上述一切义务和美德，那么，它就是一支富有武德的军队。"① 这里所提到的武德指的是军人的精神力量，尤其反映了心理素质对军队制胜的重要意义。现代化战争抹消了前线和后方的空间差异，战斗的节奏更快、先进武器的杀伤力更强，交战双方心理上的对抗更为激烈。没有过硬的心理素质，是无法适应高强度、高烈度的现代战争需要的。因此，外军普遍将

---

① ［普］克劳塞维茨．战争论 [M]．北京：商务印书馆，1978:193．

提升军人心理素质作为军营中经常性开展的一项重要活动，将官兵的心理素质作为军人健康和战斗能力的综合考评标准之一，形成了精神上的心理训练与行为上的体能技能训练两头齐抓的特色文化行为。

三、将细节规范和强力约束作为制度模块建设的着力

美俄军队军营文化的一个显著特征，就是表现为具有严格的法治文化，通过各种法规制度约束规范官兵训练和生活中的一切思想和行为。从美俄军队和其他一些外国军队军营文化建设的情况来看，都将制度约束作为规范军营文化的重要手段。一是注重法制精神培育。军营制度的设置在于规范官兵的言行举止，在"整齐划一"中确立集体共同的价值认同和行为标准。要实现这一目标，前提是使官兵在观念上树立起敬畏制度、尊崇制度的文化氛围，自觉将制度放在必须严格执行和不可置疑的权威地位。没有人的执行，再好的制度也不会自主的产生影响和发挥作用。从美俄军队的经验做法来看，均将强化官兵的法治精神培育作为军营文化建设的重要内容。例如，美军规定在士兵入伍或军官就职时都必须宣誓保卫宪法和法律的神圣地位，其誓词包括"支持和保卫美国宪法，使之不受任何国内外任何势力的破坏""一旦按宪法产生由政府制定出的全国性政策，全军官兵必须像誓言中所要求的那样坚决支持，而绝不能对政策是否明智表示怀疑和流露不满。"① 俄军将系统的法律知识教育列入军事训练大纲中，不仅要求官兵遵守军事法规，还要熟悉国家和社会生活中的基本法规。二是紧贴实战改进创新法治。为在现代化高技术信息作战中处于不败之地，世界各国军队都瞄准实战不断进行制度规定的创新发展，使之更加适应军事行动的现实需要。例如，美国空军从 2001 年开始为实现"全球警戒、全球到达、全球力量"的发展目标，在组织编制、人员培训、技术发展等方面不断提出新的制度规定，并对已有的不适时宜的规定及时主动修改修订，最终形成了与实战高度衔接配套的新型法规制度体系。俄罗斯军队经历苏联解体的惨痛教训和反思，重新认识到法规制度在军事行动中的极端重要性，近年来有计划的逐渐在军营中恢复和健全

---

① 原总政治部联络部. 美军政治性工作研究论丛（第一辑）[M]. 北京：解放军出版社，2007:378.

了军队法治，根据新建俄军特点，重新构建军事立法、执法和监督体系，推出了一系列前苏军所没有的法规制度。三是注重规范可操作的细节。相对于我军一些制度侧重宏观的指导性，美俄军队则更强调规定的具体操作性和执行中的明确参照性，不仅规定了要"做什么"，还详细说明了"怎么办"和做到不同程度会产生的影响。例如，美军为提升军营文化建设水平，在《军队士气、福利和娱乐纲要》中不仅规范军队内部的各项活动和福利落于实处，还对军人及其家庭成员依法获得家乡社团各项支持等内容做出了细致的规定，用军事法规的形式，将军营文化列入社会共同建设内容。又比如，俄军目前处于国防和军事力量的改革之中，在制度层面大胆采用"试错法"不断进行调整，勇于接受和坦然面对试错的成本和后果。一方面对不符合实际情况的规定大胆废除，另一方面又对已经禁止或弃用的有用政策重新恢复使用，不断推进俄军法规体系的科学完善。比如，在军营文化建设工作方面，俄军出台了很多专门的规定，用以指导军营文化建设在各个方面的具体实践。例如在其颁布的《2020年前俄联邦武装力量业余文化活动发展计划》中明确规定2020年前所要实现的目标任务和关键性成果指标，对开展各项活动的主要形式、具体阶段、资金保障等进行了详细规划，并对风险控制和评估监督有明确要求。

四、将建设"卓越"的物质模块作为军营文化存在的基础

从人类文明的发展进程来看，物质层面的保障不仅是社会生活的初级需求，更是在此之上更高层次需求的基石，缺少坚实稳固的物质载体，就没有精神、制度等其他文化形式产生的前提条件。军营文化不仅靠精神力量的描绘，同时需要物质载体作为坚实根基。从美俄军在军营文化建设中对物质模块的态度来看，既重视物质载体的实用价值又重视其抽象价值，不脱离物质载体基础而空谈精神，强调用物力管控和建设部队是美俄等资本主义国家军队的基本观念。

一是高度依赖物质力量的制胜观。随着科学技术对战争影响力的不断加深，美俄军队都在作战思维上强调依靠技术优势在物力上克敌制胜而非依靠人力的数量优势制胜。这一战略思维反映在军营活动中和官兵身上就表现为对物质优势的极度看

重。依靠物资保障的质量规模和武器装备在技术上的代差优势赢得战事，已经成为美俄军队不容置疑的思维模式和行动选择，对其军营文化产生了巨大影响。以美军为例，依靠物力优势制胜的理念在近年来美军的军事行动中不断得到强化，已然成为美军战争文化的最显著特征。在海湾战争"沙漠风暴"行动中，美军在六周时间内运输的各类物资超过了二战中运输量最大的六个月的物资总和，当时"美国陆军每一名'作战'士兵或海军陆战队员配有 12 名'保障'人员。每一名水兵在作战行动里大约需要 15 个人提供支援。美国空军每一名战斗机或轰炸机飞行员配有 32 名'保障'人员。"[①] 在伊拉克战争中，"进行伊拉克战争的联军规模仅有海湾战争时期的一半……传统上讲，战争学院教导人民要确保胜利，进攻部队必须保证与敌方 3：1 的兵力优势，在城巷等艰难地带这一比例高达 6：1，然而，在伊拉克，这一比例远未达到。事实上联军地面部队（从未超过 10 万人），面对的是 3 到 4 倍于己的敌人。"[②] 正如美国前空军将领詹姆斯.杜立特（James Harold Doolittle）所说，"如果战争胜利取决于参战人员的规模，我们国家仅能排在世界大国中的前 4 位之后。如果取决于所拥有的世界范围内的殖民地、领地以及海上基地，我们国家肯定能排在第 2 位，但如果取决于科技进步，生产规模以及人精明使用复杂机器的能力，美国将处于无人能及的位置。"[③] 二是以物质福利为杠杆的激励观。受清教文化、资本主义商品经济和个人主义的影响，"在美国对于物质福利的热爱不是个别的，而是普遍的。"[④] 这一现象在美军军营中也不例外，美军十分熟练的通过对物质待遇的增减，既提高军人的积极性，又扼制军人的消极性。在美军建军之初，要求物质和待遇上的满足就被认为是天经地义的价值观念。美国的建国之父和军队最高指挥华盛顿曾指出，对于军官来说"能使人自重并使之适合于指挥职务的唯一办法，是由他所服务的国

---

① [美] 比尔.欧文斯，爱德华.奥佛利，詹姆斯.R.布莱克等著.王霄，杜强译.揭开战争迷雾 [M].北京：解放军出版社，2009:49.

② Max Boot, The New American Way of War, Foreign Affairs, Volume82, No.4, July/August, 2003.

③ JP1, Joint warfare of the Armed Forces of the United States,2000,iii−2.

④ [法] 托克维尔著.董果良译.论美国的民主 [M].北京：商务印书馆，2017:717.

家提供足够的资助，使之无须依赖别人的资助。"①对于士兵来说"除按永久建制发给高津贴外，别无他法可以招致。"②由此可见，用物资管理部队是美军中的一项重要传统和文化特质。为了刺激国民的参军积极性，使军人愿意以军营为家，美军在基础设施建设和满足官兵身心需求的物质保障上投入了巨大财力。在美军驻阿富汗的坎大哈基地内，商店、快餐店、酒吧、运动场应有尽有；甚至还有名为"士气提振中心"的休闲场所，可以健身、看电影、打游戏、上网、看书等；基地内的食堂更被誉为"好过五星级酒店"。③与此同时，美军还有独具特色的物质惩罚手段。美军《美国军事司法统一法典》规定了两类涉及物质惩罚的条款。第一类是针对情节较轻的行为采取的纪律惩罚，指挥官有权在无军事法庭参与的情况下，对所属军官和其他人员处以罚薪、扣薪或降一级薪水的惩罚；对舰上或登舰的非军官人员，处以只供给面包和水，或减少其口粮的禁闭，期限不超过3天。④第二类是构成严重犯罪的行为采取的司法惩罚，其中特等军事法庭有权处以被告人6个月以上每月超过薪金三分之二的罚薪；简易军事法庭有权处以被告人2个月以上超过月薪三分之二的罚薪。⑤三是注重发挥物质象征品的作用。物质具有承载精神和展示、传播价值观的功能，对此，美俄军队都强调用塑像、勋章、战争遗物等"以物传情"从而实现对官兵的精神感染和熏陶，即使是平时看来微不足道的小物件，也可以被赋予丰富的意义。在美军军营中经常可以看到象征美国、美军精神的名人塑像，在西点军校中约翰．塞奇威克将军雕像的铜质军靴上安装有可以随意转动的马刺上的小齿轮，按照传统说法，如果有学员在考试前的晚上能够身着阅兵礼服偷偷溜出宿舍向雕像敬礼并转动齿轮而不被发现，那他一定能顺利通过考试。一个铜制军靴上的齿轮成为能够带来好运的象征，时至今日已然有很多学员在考前会做这样的尝试，其目的并

① ［美］华盛顿著．聂崇信译．华盛顿选集［M］.北京：商务印书馆，2012:80.
② ［美］华盛顿著．聂崇信译．华盛顿选集［M］.北京：商务印书馆，2012:80.
③ 邱永峥，郝洲著．跟着美军上战场——零距离解码战地美军［M］.北京：人民日报出版社，2010:182-190
④ Uniform Code of Military Justice, Sub Chapter3, Article 15, http://www.ucmj.us/, 2013.8.20.
⑤ Uniform Code of Military Justice, Sub Chapter3, Article 19, Article 20, http://www.ucmj.us/, 2013.8.20.

不是为了能得到奇迹的眷顾，而是这样的形式能够帮助学员放松心情，更加自信地面对考试。俄军对物质象征品的利用体现在许多细节之处。自开始实行新的着装条例后，俄军用盾型兵种臂章和部队臂章代替了传统的俄联邦武装力量臂章，形成了独具特色的军种臂章和部队臂章的双臂章体系。臂章上既有传统的双头鹰代表俄罗斯，在颜色搭配和图形选择上也包含了许多苏联时期的军队符号，其中反映了部队的任务、荣誉、历史等一系列内容。军种臂章均为盾型臂章，通过底色进行大类划分，顶部 Р О С С И Я 意为俄罗斯，边线体现兵种颜色（比如海军为黑色），中间以双头鹰表明俄罗斯联邦武装力量的身份，双头鹰爪中握住的物品表示具体兵种（如图 5.1）。如陆军以剑和炸弹作为标志，空军脚踩螺旋桨，战略火箭军手握长箭，海军则以船锚作为背景。部队臂章是部队的特有标志。如俄军中第二塔曼摩步师，该师在 1943 年获颁塔曼师荣誉称号，因此在臂章上部有 Таманская 字样，臂章周围以圣乔治丝带环绕，表明其近卫部队的身份，底部以三种勋章绶带环绕，表示该师曾获得的红旗勋章、十月革命勋章、苏沃洛夫勋章，中部以树枝环绕五星（即苏联摩托化步兵领花）表示其摩托化步兵师的身份，以双剑为背景象征武力（如图 5.1）。第 61 海军步兵旅隶属北方舰队，其绰号白熊。曾经参加第一次车臣战争，因曾荣获部队红旗勋章，因此臂章上安置了 Киркинесская 字样和红旗勋章绶带，以海锚作为打底体现海军步兵身份（如图 5-1）。

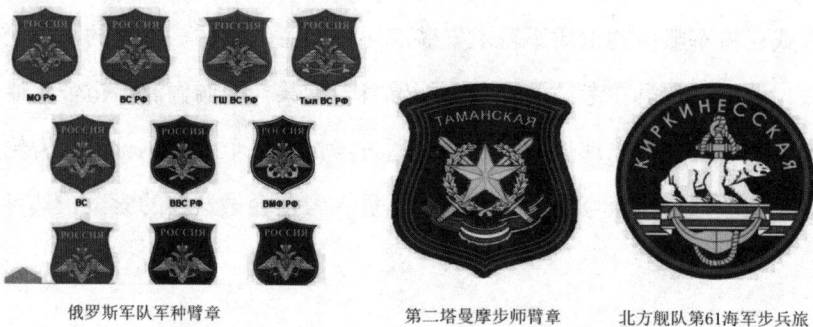

俄罗斯军队军种臂章　　第二塔曼摩步师臂章　　北方舰队第61海军步兵旅

图 5-1　俄军部分军兵种臂章

第三节　关键启示

受意识形态、政治制度、历史传统、文化特质等不同的影响，西方国家军队在军营文化建设上与我军在诸多方面存在不同的认识，在内容形式、风格特征上也存在明显的差异。但由于军队在本质和职能上的一致性以及文化系统在结构、内涵、功能上的一致性，美俄军队在军营文化建设实践中经过探索和总结后积累的有益经验同样可以为我军借鉴所用。

一、必须重视新时代军营文化政治功能，把对党和国家及军队的忠诚放在首位

美俄军队在价值观培养中虽然表面上有意淡化政治内涵，甚至宣传"意识形态终结论"，但实质上十分注重意识形态的宣传，将军人对国家、军队、阶级利益的忠诚放在重要位置。美军将"爱国心"作为文化建设的核心主题，军人誓词中有效忠国家、军队的明确规定，并在军人整个服役期间不断用宣传爱国责任和职业理想向官兵灌输忠诚思想。俄军一直以来就将对国家的忠诚作为官兵的核心价值观，为俄罗斯效忠被认为是流入军人血液的精神，用"勇敢捍卫俄罗斯是军人天职"的信念引导官兵将自身命运与国家发展紧密联系在一起，牢固树立官兵对国家和军队的忠诚意识。忠诚教育是美俄军队军营文化建设的核心内容和永恒主题，对我军而言，推进新时代军营文化建设应底气十足的开展以忠诚为核心的思想政治教育，确立对党和国家及军队绝对忠诚的文化自信。

二、必须重视新时代军营文化战斗功能，注重锻造能打仗打胜仗的能力

军营文化为提升战斗力服务，美俄军队在军营文化建设中普遍重视营造"军味"

浓郁的文化氛围。美军对体能标准有严格的要求，官兵必须每周进行不少于 3 次的身体锻炼，不达标者实施强制性淘汰。为了增强文化活动中的军事性，美军常常开展竞技性强、对抗性强的体育训练，例如按照作战标准负重打橄榄球，用与携行火箭筒相同重量的篮球进行篮球比赛，通过娱乐活动与军事要素的融合增强军营文化的军事色彩。俄军认为强壮的体魄和健康的心理是完成军事任务的基本条件，经常结合军事训练特点开展心理学、生理学、卫生常识等教育，让官兵形成保持好的生活习惯和训练习惯就是保持战斗力的思想认识。军队的特殊使命决定了军人职业的残酷性，为了适应战时要求，必须在日常生活中培养官兵应对战争的军事意识和军事心理，军营文化建设突出军事性是锻造部队能打仗打胜仗能力的基本保证和应有之义。当前，我军军营文化建设中军事活动与娱乐活动的关联还不够紧密，特别是"开展文化活动就是要娱乐"的片面认识在一定程度上存在，对此问题应给予重视。

三、必须重视新时代军营文化育人功能，坚持促进官兵全面发展和提升

美俄军队都十分重视对官兵的科学文化知识教育，这既是顺应武器装备不断更新和现代化建设的需要，也是迎合官兵希望能到部队学技术、谋出路愿望的具体举措。为了协调好部队工作和官兵学习需求，除了邀请 1800 多所大学在部队开办学习班外，美军大力开展非学制性的业余文化教育，在营以上及 750 人以上的基地设立教育中心，配备专门的负责人、教育顾问和专职教员，准备了 600 多个专业，500 多门课程供官兵选择学习。此外，如果有 5 人以上提出新的学习要求，即可设班开课，所在单位有责任提供一切便利和资助。凸显军营文化中的教育职能具有十分重要的意义，广大官兵处于相对封闭的环境中，如果没有丰富的精神追求和能力提升意愿，必将难以长期忍耐相当寂寞、枯燥的生活环境，因军心不稳造成各项任务难以实现。对于我军来说，新时代官兵的求知欲望强、兴趣点多、现实目的性更明确，借鉴外军成功做法重视发挥新时代军营文化的教育职能，对我军而言具有重要意义。

四、必须重视新时代军营文化的器物承载，发挥军营环境和基础设施的潜在影响

军营环境和军营中的各类活动设施对军人群体的行为、思想、情感产生潜移默化的影响，具有很强的标识和启迪功能。因此，美俄军队在军营文化建设中均十分注重环境和条件的物质影响作用。美国虽然历史很短，但美军在军营环境中却十分重视体现历史因素，与宗教、传统、英雄人物等一起营造鼓舞士气、催人上进的文化氛围。美军将"精良的装备是胜利的基础"这一理念体现在军营中，要求无论是武器装备、训练设备、生活设施还是文体活动器材，都必须处于良好的使用状态，单位领导对此负有直接责任。俄军历来重视环境氛围营造，在营区内"健康的体魄寓于健康的心灵之中""精神和意志是胜利的法宝"等宣传口号和功勋人物雕塑随处可见，不仅在军事院校，各军兵种部队中普遍设有本级的荣誉馆、战史馆等。在俄格冲突期间，俄军为前线官兵建立了娱乐设施完善的活动中心，图书馆、电视、网络、运动场所等应有尽有，为官兵提供了高水平的物质保障。物质基础对构建上层建筑具有决定性作用，从美俄军队做法的实际效果看，新时代军营文化建设也应按照规律办事，从理念和实践上鲜明确立物质基础的根本性、关键性作用，踏实做好生成文化精神力的物质保障工作。

五、必须重视新时代军营文化的仪式功能，运用特定行为表现增强文化的生动性感召力

仪式是一种具有象征性、程序性、实践性特征，在一整套规范操作中表达特定精神意蕴和价值取向的文化行为。仪式以其具有的感召力，受到外军的普遍重视，是外军军营文化建设的重要内容。美军认为仪式不仅"是纪律的一部分，也是不同级别、不同年龄，为国家安全而承担共同责任的军人们紧密团结在一起的深厚友谊的一部分"，将各类仪式执行到部队活动的诸多领域，以此增强部队内部的凝聚力，即使是军人因个人原因造成的死亡，部队都有指定部门为其提供下葬仪式。俄军是

世界上军事节日最多的国家，每年的军事节日多达 36 个，在节日期间都会组织开展专门的仪式活动，以此弘扬光荣历史传统，增强官兵的民族自豪感和军队荣誉感。军队仪式是一个由丰富表征符合构成的集象征、教育、规范等功能为一体的系统体系，一旦形成就可以毫不走样的进行多次重复，并可以不断实现效果的累积。对于新时代军营文化建设来说，重视军营文化中的仪式性表现对于传承人民军队优良传统、培养革命军人核心价值观、增强部队凝聚力促进战斗力生成具有重要意义。

六、必须重视新时代军营文化的交往功能，构建军民融合、军地合力发展的大格局

美军十分注重发动社会力量和军人家庭参与到军营文化建设活动中，目前已经形成稳定的向社会购买教育服务和娱乐服务的机制，在战时通过各类媒体广泛动员各社会组织和团体对官兵开展各种形式的慰问。在借助家庭力量方面，美军一方面成立军人家庭支援小组、开设家庭工作网为军属提供内容丰富的优质服务，解除军人特别是参战人员的后顾之忧；另一方面主动联系军属为军人提供情感关怀，如号召军属多和军人进行电话、网络联系，为军人邮寄家人照片、录像带等。俄军除经常联合地方政府开展爱国主义教育、联合宗教机构共同开展仪式活动外，还建立了广泛的社会化保障体系，大到军事演习中的训练场设计，小到官兵的伙食保障，大部分都由社会团体提供服务。军营文化以社会文化为背景，军营文化建设离不开社会力量的支撑和助推。积极加强与地方单位和组织的合作，借助地方在资金、人才、技术、平台等领域的综合优势协力推动新时代军营文化建设，是我军应给予重视的重要思路和方法。

第六章

战略构想：新时代军营文化建设的目标设定及总体要求

　　进入新时代，我军军营文化建设必须有明确的目标架构和发展规划，要立足国家、军队文化建设的宏观视角和要求，把新时代军营文化建设纳入社会主义文化大繁荣大发展的总体安排，纳入国防和军队全面建设的总体筹划，纳入国家文化软实力建设的总体部署，进一步确立军营文化建设在实现强军目标，建成世界一流军队中的战略地位。

第一节　目标设定

　　立足当下着眼未来，新时代军营文化建设应有明确的发展目标，既要与强军目标协调一致，还要遵循文化生成的客观规律。在具体内容、过程、时间阶段划分上，必须与社会主义强国目标和强军目标同步一致。准确定位世界一流军队建设进程中军营文化的发展目标，就是明确了今后工作的长期方向和具体举措，对打造强军文化、推动军队建设全面发展具有举足轻重的意义。

一、设定新时代军营文化建设战略目标的基本依据

　　构建新时代军营文化建设目标必须立足于科学的理论依据和现实依据，总的来看，主要包括以下几个方面。

　　（一）习近平新时代中国特色社会主义文化建设重要论述。党的十八大以来，习近平主席就社会主义文化建设问题发表了一系列重要论述，深刻说明了建设社会主义文化强国的重大意义。应对社会主义文化建设正在面临及未来可能面临的风险与挑战，习近平主席深刻揭示文化发展的本质和内在规律，科学预测未来文化发展的趋势，生动系统地阐明了以什么样的立场和态度对待文化、用什么样的政策方针和

原则要求发展文化、以什么样的理念和举措建设文化等重大理论和实践问题，使社会主义文化建设的方向更加坚定、思路更加清晰、目标更加明确。对于文化建设在中国特色社会主义进入新时代后的历史地位，习近平主席鲜明提出，文化建设作为国家"五位一体"总体布局中的重要组成部分，与经济建设、政治建设、社会建设、生态建设在宏观上共同构成推进中国特色社会主义强国事业的完整驱动系统。同时，文化以其独特的价值性和影响力，渗透于经济、政治、社会、生态各部分中，在微观上成为推动不同社会领域快速发展的重要力量。从习近平主席的重要论述可以看出，新时代社会主义文化建设已经被定位在前所未有的战略高度，对中国特色社会主义事业的前途命运发挥着关键影响。只有通过明确制定长期性、阶段性的发展目标，才能有效规范社会主义文化建设的发展路径，确保为社会主义事业的胜利源源不断地提供动力和能量。对于新时代强军事业来说，也必须给予军营文化建设高度的重视，以习近平主席对社会主义文化的战略目标和对打造强军文化的总要求为纲，立足现实、着眼未来的科学构建新时代军营文化建设发展目标。

（二）国家和军队文化建设的相关政策法规。新时代军营文化建设战略目标的构建具有明显的政策导向性，必须与国家、军队的总体战略目标和文化发展方略相一致。从法理依据来看，必须以国家和军队的相关法律、法规和政策要求为依据。梳理十八大以来国家和军队相关资料，从国家层面看，主要应遵循以下内容：1. 宪法。宪法关于国家基本制度和发展文化事业及保障公民享有从事文化活动的权利的规定，为文化法制建设提供了基本原则。如规定"国家发展为人民服务、为社会主义服务的文学艺术事业、新闻广播电视事业、出版发行事业、图书馆博物馆文化馆和其他文化事业，开展群众性的文化活动"。2. 文化法。包括调整国家文化管理和社会文化生活中发生的各种社会关系的诸多法律规范，如《公共文化服务保障法》等。3. 其他法律法规中的相关规定。由于文化主体的权益和具体的文化行为常常与其他社会活动密不可分，因此其他部分和领域的法律规定中也包含对文化内容的规范。4. 党和国家的政策方针。如党的十九大报告中"坚定文化自信，推动社会主义文化繁荣兴盛"的具体内容，《国家"十三五"时期文化发展改革规划纲要》《关于进一步把社会主义核心价值观融入法治建设的指导意见》《关于加快构建现代公共文化服务体系的意见》等。从军队层面看，主要应遵循以下内容：1.军事法律。包括《国防法》《国防教育法》《国防动员法》等，从军队建设的顶层设计为新时代军营文化建设做出宏观规划。2.军事法规。包括"三大条令"、《政治工作条例》等，从中观层面对新时代军营文化建设进行规范。3.军事规章（含军事规范性文件）。包括《中央军委关于深化国防和军队改革的意见》《军队基础文化建设规定》《传承红色基因实施纲要》《新时代培育战斗精神实施纲要（征求意见稿）》等，从微观层面对新时代军营文化建设提供操作指南。

（三）国家和军队新时代文化建设的目标。社会主义文化建设、军事文化建设、军营文化建设之间存在着层级包含的关系，作为一个整体必须在发展进程中保持目标方向、演进趋势等方面的一致性。依照国家社会主义文化建设目标、军事文化建设目标研究制定军营文化的发展建设目标，既是科学反映三者之间内在关联、遵循文化生成规律机制的体现，也是军营文化建设始终保持正确发展方向，获得政策支持充分调度运用社会资源的重要保证。

1.国家和社会主义文化建设战略目标。党的十八大以来，关于中国特色社会主义建设和社会主义文化建设均有明确的目标，为新时代我军军营文化建设明确目标奠定了主方向和总基调。习近平主席指出："文化自信是一个国家、一个民族发展中更基本、更深沉、更持久的力量。"①实现社会主义现代化强国的目标，离不开社会主义文化的大发展大繁荣，只有建设成为社会主义文化强国，才能使我国成为一个真正的强国。为此，党的十九大报告确立了"建设社会主义文化强国，增强国家文化软实力"的国家战略目标，并指出国家软实力包括物质文明、政治文明、精神文明、社会文明、生态文明的全面发展。这里的软实力也可以理解为文化实力。由此可见，文化建设涉及全社会各个领域，与全部社会生活和全体社会成员密不可分。这里说的国家文化建设的战略目标是对"未来维度"的预见，不可能完全准确地反映未来

---

① 习近平.决胜全面建成小康社会夺取新时代中国特色社会主义伟大胜利—在中国共产党第十九次全国代表大会上的报告[R].北京：人民出版社，2017:23.

文化的真实态势，是一种基于学术理论的抽象探讨。根据对国家政策的理解和对相关研究成果的总结，特别是认真领会党的十九大报告中"坚定文化自信，推动社会主义文化繁荣兴盛"部分的重要论述，笔者认为可以将我国社会主义文化强国建设目标表述如下。

社会主义文化建设战略目标：在 2020 年完成中国特色社会主义文化初级阶段建设。再奋斗十五年，到 2035 年实现中国特色社会主义文化先进阶段。到 21 世纪中叶，发展达到中国特色社会主义文化的高级阶段，全面建成社会主义文化强国。

到 2035 年时，我国文化建设将形成的局面为：文化自信深入人心，马克思主义意识形态更加巩固鲜明，社会主义核心价值观全面普及引领社会思潮，全民思想道德素质和科学文化素质显著提升，社会主义文化事业全面发展成果更加丰富，各项文化制度体制富有效率充满活力，中国文化在世界上更加具有影响力，为人类文明进步做出更大贡献。到 21 世纪中叶，我国文化建设将形成的局面为：确立高度文化自信，马克思主义意识形态和社会主义远大理想牢固成为全社会科学信仰，社会主义价值体系全面建成具有强大凝聚力和引领力，全民思想道德素质和科学文化素质处于世界各国各民族先进水平，社会主义精神文明和物质文明成果极大丰富，充分展示中国成熟的现代化国家形象，中国文化在国际上具有强大影响力并引领人类文明发展。

2.军队和军事文化建设战略目标。对标我国社会主义文化建设发展目标，军队和军事文化、军营文化建设必须与之形成同频共振，明确自身的发展目标和方向定位。

军队建设战略目标：在 2020 年基本实现机械化，信息化建设取得重大进展，战略能力有大的提升的基础上，到 2035 年基本实现国防和军队现代化，再经过十五年发展到 21 世纪中叶实现强军目标，把人民军队全面建成世界一流军队。

党的十九大把国防和军队建设放在完成新时代党的历史使命、全面建成社会主义现代化强国大目标下运筹谋划，对全面推进国防和军队现代化做出新的战略安排。这样的目标设定体现了同国家现代化进程的一致性，反映出军队的发展建设是国家全面建设的重要组成部分。

与军队建设战略目标和国家建设战略目标相一致，我军军事文化建设目标同样要与社会主义文化强国建设目标保持一致。中国特色社会主义文化强国不是按照西方价值观标准所建成的，而是一种对既有人类社会文化模式的超越，是按照马克思主义思想发展形成的社会主义制度下人类社会更高层次的文化阶段，即社会主义文化强国。同理，我军的强军文化也不是对西方军队特别是美军文化状态的追赶模仿，而是一种以听党指挥和为人民服务为核心价值观的先进的、现代化的文化状态。

军事文化建设战略目标：在 2020 年国防和军队编制体制调整深化改革基本完成，推动发展强军文化的情况下，继续扎实建设十五年，到 2035 年初步建成符合现代化军队特质的先进军事文化，到 21 世纪中叶发展为世界一流军队的军事文化。

到 2035 年时，军事文化建设将形成的局面为：军事文化自信凝聚强大精神力量，革命军人核心价值观深入人心，军队精神文明和物质文明成果现代性特征更加突出，军事文化支撑和推动强军目标的作用显著增强。到 21 世纪中叶，军事文化建设将形成的局面为：革命军人核心价值体系建立完成，官兵综合素质和能力处于世界前列，军事精神成果、军事行为表现、军事制度模式、军事物质基础全面完成现代化，以强军文化的姿态引领世界军事变革和世界军事文化发展方向。

二、新时代军营文化建设战略目标构想

军营文化是构成军事文化整体的重要组成部分，军事文化的诸多内容直接在军营文化中体现和反映，在实现最终目标的最后 30 年，军营文化建设在军事文化统领下也应该明确自身的具体目标和发展规划。为与国家和军队文化建设目标形成呼应，新时代军营文化建设的目标可以总结如下。

军营文化建设战略目标：在党的十八大以来所形成的大力加强文化建设良好局面的基础上，从 2020 到 2035 年围绕强军目标夯实革命军人核心价值观，全面彰显良好的军队形象和官兵风貌，军营活动更加具有科学性、先进性的现代化特征，各项军事制度密切融合形成有机整体，军营物质基础和保障水平显著提升。到 21 世纪

中叶，全面建成革命军人核心价值体系、先进行为体系、科学制度体系和物质支撑体系，发展成为世界一流军队的军营文化。

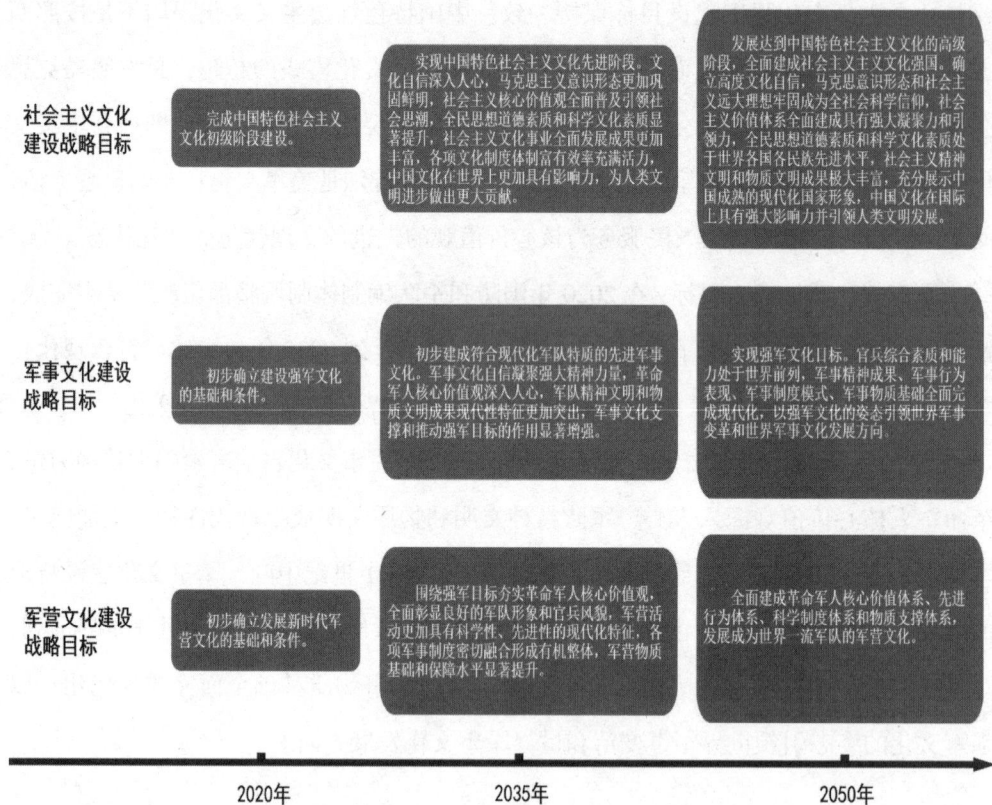

图 6-1　社会主义文化建设、军事文化建设、军营文化建设战略目标

　　构建新时代军营文化建设战略目标，主要基于以下考虑。一是保持文化发展的整体一致性。新时代军营文化建设内含在新时代军事文化建设和社会主义文化建设中，在后两者已经明确提出发展目标及进度时间表的情况下，我军军营文化建设必须与其进行对表，避免出现"脱群"和"偏轨"等问题。二是立足任务牵引。推进实现强军目标、提升我军现代化建设质量是新时代军营文化建设的重要任务。进入新时代以来，我军全面建设向着世界一流军队的方面不断迈进，党在新时代的强军目标要求必须有与之匹配的先进军营文化作为支撑，紧贴强军目标和部队发展建设的实际需求确立新时代军营文化建设的战略目标，是以任务为牵引聚力推进文化建

设的重要体现。三是呼应官兵期望。新时代官兵成长于我国综合实力"由大向强"发展的关键历史阶段，面对国际、国内严峻的竞争环境，普遍具有强国、强军的强烈期盼，和提升自身能力素质迫切要求。立足于服务官兵主体这一军营文化的价值本质，确立模块化建设模式，发挥文化系统整体对官兵精神活动、行为活动的强大感召力、影响力和锻造力，是新时代军营文化建设目标呼应官兵期望的现实举措。

第二节　总体要求

确立新时代军营文化建设的发展目标，还需要对其具体内容和实践标准有明确认识和准确把握。从当前来看，新时代军营文化建设应立足"全面"形成"四模一体"的整体布局，以精神模块建设为核心，以行为模块建设为表现，以制度模块建设为保障，以物质模块建设为支撑，为总体战略目标的实现不断聚力前行。

一、以"四有"为核心价值，构建军营文化精神体系

强军文化精神体系是革命军人核心价值观和一系列精神观念的总和，在新时代特定历史进程中主要由"四有"新一代革命军人价值准则、新时代革命军人职业精神、现代化军事科学文化知识三部分构成。其一，要引导官兵努力成长为有灵魂、有本事、有血性、有品德的新一代革命军人，以此巩固部队思想文化阵地，坚定官兵革命意志、升华官兵思想境界、纯洁官兵道德情操。"四有"新一代革命军人，体现了强军兴军对铸魂育人的时代要求。有灵魂，是对新一代革命军人第一位的要求，是我军官兵安身立命的根本，构建强军形态的军营文化首要所在就是要筑牢党对军队绝对领导的忠诚之魂，培育官兵坚定爱党信党跟党走的政治自觉，始终在思想上政治上行动上同党中央保持高度一致，坚决听从党中央、中央军委和习近平主席指挥；有本事，要强化官兵能打胜仗的过硬本领，着眼未来战场提升官兵政治素养、军事技能、科技知识和人文底蕴等综合素质；有血性，要淬炼培育官兵不怕牺牲的精神利刃，着眼实战锻造不畏强敌敢于亮剑的铁胆雄风，激发渴望建功立业的

战斗激情和勇猛顽强的意志品质；有品德，要教育官兵树立正确的革命军人世界观、人生观和价值观，形成情趣高尚、品行正派的道德情操。其二，实现强军目标打造强军文化离不开革命军人的职业精神。军人这个职业承载着一般行业无法比拟的艰苦和风险，因而也比其他职业更加需要爱国主义精神、尚武精神、牺牲精神和斗争精神等职业精神的护持才能保证各项任务的完成。面对新时代实现强军目标更高的使命要求，要通过思想政治教育和实战化的训练不断增强官兵职业精神，使之与以爱国主义为核心的民族精神和以改革开放为核心的时代精神同频共振，与听党指挥、服务人民、英勇善战的优良传统并轨合辙，与官兵精神文化需求紧扣对接，成为实现强军梦的重要精神力量和强军文化的显著特征。其三，军队现代化的核心是人的现代化，人的现代化的核心在于掌握现代化的科学知识和军事科技。对于军营文化来说，富含现代化先进知识的智力支撑是其强军属性的基本要求和特征。因此，要在官兵中牢固树立科技兴军的理念，用高科技知识武装官兵头脑，引导官兵树立科学态度，钻研科学知识，掌握科学方法，在全军进一步形成爱科学、学科学、用科学的热潮，以时不我待的紧迫感自觉加强精神鞭策，刻苦钻研新知识新理论新技术新装备，注重激发官兵的学习热情和潜力，积极营造军营中人人渴望成才、人人努力成才、人人皆可成才、人人尽展其才的良好局面，让各类人才的创造活力竞相迸发、聪明才智充分涌流，使我军真正成为用现代科学文化武装起来的先进群体。

二、以完成军事任务为标准，构建文明的先进行为体系

　　紧紧围绕实现强军目标和官兵全面发展重要任务而构建的军营先进行为体系要涵盖个人行为、集体行为、领导行为、组织行为，在内容上主要包括以下四个方面。一是明确的行为目标。行为目标指通过行为活动要达到的目的。军营中的活动区别与一般的社会活动，其主要目的包括完成党、国家、人民交付的各项任务和实现官兵综合素质全面提升。因此，无论是军事训练活动、教育学习活动、日常管理活动还是娱乐活动，都应该设定明确的目标，知道活动的指向和意义所在。新时代背景下，我军一切行为活动的根本目标在于实现强军目标建成世界一流军队。就直接目

的而言，对于官兵个体来说要着眼于坚定理想信念、提升道德品质、增强军事技能和政治水平，锻炼健康的身体素质和心理素质；对于集体来说就是要着眼于增强组织凝聚力和向心力、激发一不怕苦二不怕死的精神提升战斗力、营造团结和谐的内部关系。二是恰当的行为内容。行为内容主要指具体的举止活动。随着科学技术的发展进步和生活水平的普遍提高，社会生活中的行为类型和形式极大丰富，出现了很多诸如电子竞技、cosplay、网络主播、短视频互动等具有时代特征的新型行为内容。立足于明确的行为目标，军营文化建设在行为内容的构建上必须有恰当择选。对于反映主流文化，适应军营文化建设需要，有利于官兵身心健康和提升能力素质，具有积极的正向效能的行为活动，应主动接受并创新运用；对于冲击主流文化，不适应军营文化建设要求，会造成官兵身心扭曲甚至伤害，具有消极负面作用的行为活动，要坚决抵制消除。立足于"以文化人"的核心价值，军营文化建设的行为内容应着眼于"内化于心""外化于行""固化于制""凝化于物"，成为充分反映新时代官兵践行强军目标、打造强军文化的现实表现。三是科学的行为方法。这里的行为方法指为实现目标而采取的途径、步骤、手段等。军营文化建设同任何事物的发展一样，都有其本质规律和特定机理。形成科学的行为方法就是指在军营活动的组织实施中要遵循不同对象的本质规律和特定机理，在思路确定、程序设计、规则制定、方式方法等方面做出正确的选择。要保证新时代军营文化建设始终遵循科学的行为方法，就是要坚持用先进的理论为指导、以先进的科学技术为支撑、以先进的制度体系为保障，立足于实事求是既注重发挥官兵的主观能动性、又注重遵守现实规律性，让一切军营活动在全过程中都依循科学规律顺利开展。四是规范的行为标准。行为标准是衡量行为状态、判断好坏优劣的准则。军营文化建设是一项长期复杂的系统性工程，确立规范的行为标准首先要将军营文化活动按照长期性和短期性、单一性和多元性的原则进行阶段化和细致化的划分，根据具体活动在实施进程的全过程中制定明确的参照依据和评估标准。对此，首先要将各种良好的行为习惯内化为官兵的人文素养，通过实践环节不断积累转化为自觉行为。其次要加快完善军营中涉及行为管理的各项规章制度建设，确保在各项活动的开展中都有法可依、有章可循。

三、以坚持依法治军为原则，构建科学的制度体系

习近平主席指出，要在全军深入开展法治宣传教育，把法治教育训练纳入部队教育训练体系，把培育法治精神作为强军文化建设的重要内容，引导广大官兵把法治内化为政治信念和道德修养，外化为行为准则和自觉行动。军营文化建设是一项长期系统的工程，不是军队中某一部门或群体的任务，而是全军官兵的共同义务。保证军队中各部门和全体官兵共同参与军营文化建设的最好办法，就是建设完善的制度体系进行长期性、根本性规范。对此要着重开展以下两个方面的工作。一是要形成法规制度相互补充、相互完善的闭合机制。实践证明，再坚定的意志品质、再先进的行为方式、再先进的武器装备如果缺少科学完善的制度管理，都难以转化为强大战斗力。军营文化制度模块建设要坚持用改革创新和实事求是的精神把时代所求、军队所求、官兵所求、现实所求科学结合起来，让各项规章制度的运行更加科学，管根本的要坚持、过时的要废除、不适用的要调整、有效的要创新，将实际中的有益探索和积累的许多行之有效的经验做法从制度层面加以巩固规范，形成整体互联、个别严谨、具体详实地闭合制度机制，为解决文化建设中出现的重难点问题提供法规依据和政策支持，不断提高军营文化建设科学化水平，保证强军目标在正规化法制化的保障中渐行渐成。二是要营造彰显法治精神的军营环境。法治是一种制度秩序和治军方式，更是一种价值选择、一种文化力量的彰显。在信息化的今天，一支强大的军队必定是法治彰显的军队，依法治军的背后必然有深厚的法治精神作支撑，越是世界一流军队越是需要有坚定的法治信仰，正如习近平主席所说："一个现代化国家必然是法治国家，一支现代化军队必然是法治军队"[1]，军营文化制度模块建设要从思想观念上把依法治军、从严治军的价值准则牢固树立起来，让法治精神、法治意识、法治观念熔铸在头脑中、落实在行动中，让一切工作统之于法、合之于法、循之于法，让广大官兵发自内心的拥护和信仰法治，不断强化遵章守纪、履行

---

① 中央军委政治工作部．习近平论强军兴军 [M]．北京：解放军出版社，2017:326.

职责、服从命令的意识。只有形成尊崇法治、敬畏法治、严守法治的文化合力，军营文化才能发挥强大的力量。

四、以激发官兵精神力为指向，构建坚实的物质支撑体系

没有物质的支撑，文化就不可能有盎然的活力和长久的生命力。大力加强新时代军营文化建设，一方面要提升物质力量的绝对值，增强"硬实力"。要全面提升军营中各类物质产品的质量水平，用高技术武器装备打造具有强大信息化作战能力的现代化部队，充分发挥军事活动中武器的关键作用；在军营生活物资的保障上借助网络大数据优势，在充足的基础上更加注重精准配给和质量配给，不断提升军营中的物质条件；对于军营环境建设要注重将人文需要和任务需要更加高效的融合，既让官兵生活舒适，又有强烈的政治氛围和战斗气息，让官兵在看得见、听得到、摸得着、用得上的直观感召下激发强大的精神力量。另一方面要提升物质力量的相对值，增强"软实力"。军营文化物质模块建设不仅要注重基础物质条件的发展，还要注重将各种精神价值注入各类与军营生活相关的事物中，充分发挥物质的承载作用，实现价值观的物化转变，用具有鲜明符号意义的物质象征品不断增强军营文化的软实力。

第三节 基本原则

军营文化建设是一项涵盖多方面内容的系统工程，推动新时代军营文化建设必须坚持"五个必须"的重要原则，从根本性质、根本目的、根本机理、根本要求和根本动力上做以规范。

一、必须始终高举鲜明政治旗帜

现代意义上的文化产生于阶级社会，政治性是文化的根本属性。对于军营文化来说，将统治阶级的政治主张、政治思想、政治目标作为自身发展演进的恪守准则

和守护捍卫对象是任何军队的核心任务。新时代开启了我军强军建设的新篇章，当前，我军正处于一个新旧体制转换、各种思想和观念激烈碰撞的时期，面对西方敌对势力把我国作为意识形态渗透的重点大肆推行"西化""分化"战略，利用文化的强势控制力大肆扩散其政治理念、价值观念和生活方式的复杂斗争，作为党绝对领导下的武装集团，在文化建设中必须突出强调人民军队的政治本色，无论任何时候任何情况下都有以党的方向为方向、以党的意志为意志、以党的旗帜为旗帜，坚持马克思主义的指导地位，自觉运用习近平强军思想强化官兵精神力量，以强烈的政治意识去占领精神阵地，以时代的先进观念更新文化理念，以敏锐的前瞻视角指导强军实践，坚决彻底地与"军队非党化、非政治化"和"军队国家化"等错误政治思想做斗争，让中国共产党和人民军队的鲜明政治旗帜猎猎飘扬。

二、必须始终以强军目标为根本牵引

军队天职是打仗，实现强军目标的关键在于建设一支能打仗打胜仗的现代化军队，牢固树立战斗力标准，不断增强战斗性。战斗性是军营文化区别于其他文化的显著特征，面对建设强大人民军队的战略任务，面对维护国家主权安全和领土完整的使命要求、面对提高应对多种安全威胁、完成多样化军事任务能力的迫切需要，必须充分运用军营文化所蕴含的爱国主义、集体主义和革命英雄主义精神，激发官兵大无畏的战斗精神和持续旺盛的战斗意志，始终把巩固和提高部队战斗力作为新时代军营文化建设的根本出发点和落脚点，以培育官兵战斗精神、砥砺顽强意志品质和把部队锻造成为无坚不摧、战无不胜的钢铁力量作为目标导向，将虎气和血性培育贯穿到部队演训、执行任务等全面建设和改革的各个方面，突出军味、战味十足的特色文化氛围。特别是面对未来战场强度大、节奏快，官兵将面临更大心理压力的现实，要注重平时对官兵心理承受能力和心理健康防护的文化性措施，在增强外化战斗力的同时增强官兵的内化战斗力。

三、必须始终遵循文化建设规律

军营文化作为一种具有特定政治意义和受众群体的社会文化在军事组织内的表现，在发展建设的过程中同样要遵循文化建设的一般规律和特定机理。规律是一种客观存在，是不能创造，也不能改变的。在不能掌握规律，甚至违背规律情况下，任何社会实践都无法取得成功。对于新时代军营文化建设来说，必须加强对文化发展规律的研究，只有掌握并遵循规律，才能顺利实现军营文化建设的目标任务。从长期历史实践看，马克思主义的文化思想，为我们正确地认识和把握文化发展规律指明了方向。一是遵循马克思主义经济基础决定上层建筑的规律。马克思主义认为"思想、观念、意识的产生最初是直接与人们的物质生活，与人们的物质交往，与现实生产的语言交织在一起的。"[1]文化作为上层建筑的组成部分，按照经济基础与上层建筑之间辩证关系的原理，文化的发展与其存在的物质基础呈正比关系，有什么样的物质基础条件，就有什么样的文化。无论何种社会，没有离开了物质基础还能保持生存的文化。基于这样的原则，新时代军营文化建设必须注重物质力量的基础性地位，没有良好的物质支撑，文化发展也会受到制约。二是遵循马克思主义文化反映社会政治的规律。毛泽东同志对这一规律曾有过精辟地解释："一定的文化是一定社会的政治和经济在观念形态上的反映。"[2]文化作为一种观念形态，总是围绕解决政治问题而向前发展，由此形成的思想理论、方针政策、制度规章等都是文化成果的结晶。基于文化和政治、社会阶级的关系，新时代军营文化建设必须为政治服务，始终坚持党对军队的绝对领导和全心全意为人民服务的宗旨，围绕党和国家及军队的中心工作来开展，充分彰显文化的政治性特征。三是遵循马克思主义事物发展贯穿性和联系性的规律。文化的积累是一个延绵不绝的历史过程，文化建设总是处于动态发展的状态中。不同时代的特定历史条件决定了文化建设的内容、形式、方法

---

①　马克思恩格斯选集（第一卷）[M]. 北京：人民出版社，2016:151.

②　毛泽东选集（第二卷）[M]. 北京：人民出版社，1991:694.

等各个方面不是一成不变的，而是需要自觉的遵循时代特征不断创新发展。对于新时代军营文化建设来说，必须要主动顺应时代潮流，把握时代特点，在文化发展的浪潮中充分借助各方资源和先进成果顺流而上，既不能故步自封而错失机遇，也不能割断历史重起炉灶。

四、必须始终尊重官兵的主体地位

作为军队的主体，广大官兵是军营文化自觉、自醒、自信的最直接推动者，是军营文化繁荣发展最深厚的力量源泉。新时代军营文化建设必须激发官兵的参与热情，坚持依靠官兵、发动官兵，尊重官兵自主创新，发挥他们的主人翁精神，让官兵不仅是军营文化的受众和惠及者，更是军营文化的设计者、创造者和实践者。对此，习近平主席指出，各级要尊重官兵主体地位，发挥官兵首创精神，大力弘扬创新文化，激发官兵锐意创新的勇气、敢为人先得锐气、蓬勃向上的朝气。坚持军营文化建设中官兵的主体地位，促进官兵综合素质的全面发展主要包含三个方面的要求。一是要清醒认识文化的核心价值是服务于人，弄清楚"为了谁""依靠谁"的根本性问题，牢固树立"从官兵中来，到官兵中去"的群众观念，绝不能出现主客体的"异化"；二是要以全面提升官兵能力素质为目标。新时代青年官兵既喜欢时尚娱乐和现代科技，同时也渴望学习文化、欣赏艺术，提高自身素质和修养，因此要更多地为官兵提供高品位、高质量的文化服务，真正做到培养人，塑造人、提高人、实现能力素质的全面发展；三是要在文化建设的过程中将主动权和决定权实事求是的交到官兵手中，相信和尊重官兵的主观能动性，正确认识到军营文化建设的根本动力在于充分调动官兵的积极性与创造性，一切成果必须让官兵受益。

五、必须始终坚持以创新引领发展

对于任何文化来说，只有坚持创新才能始终保持旺盛的生命力，在不断获得新的存在形式中始终保持良好的发展势头。新时代军营文化建设要适应时代潮流，把握信息化战争特点，紧贴多样化军事任务需要，适应军队现代化形式在内容、形式和手段等方面积极探索创新，注重把握新一代青年官兵的文化习惯，借助现代化手段及时注入科技、智能、互动等新文化元素提升军营文化的时尚指数，增强军营文化的时代感和吸引力。在实践中要大胆"走出去、请进来"，一方面要实现将军营文化建设融入社会主义文化建设之中，广泛利用社会文化资源，在与社会文化同步发展中创造新空间，提升新境界。另一方面要在保证国家安全的基础上，以海纳百川的胸襟，虚怀若谷的精神借鉴世界先进军事文化成果，不能为了防止腐朽军事文化的侵蚀和渗透而畏首畏尾。正如改革开放之初邓小平同志所说："对于现代西方资产阶级文化，我们究竟应当采取什么态度呢？经济上实行对外开放的方针，是正确的，要长期坚持。对外文化交流也要长期发展。……但是，属于文化领域的东西，一定要用马克思主义对它们的思想内容和表现方法进行分析、鉴别和批判。""总之，社会主义要赢得与资本主义相比较的优势，就必须大胆吸收和借鉴人类社会创造的一切文明成果。"①

---

① 邓小平文选（第三卷）[M]. 北京：人民出版社，1993:373.

第七章

基本路径：新时代军营文化建设的现实举措

立足新时代新使命新要求，着眼于应对当前军营文化建设面临的挑战、解决存在的突出问题，结合军队改革后的新情况，当前加强新时代军营文化建设应在四个方面着力，即在解放思想、塑造新观念上着力，在全要素建设体系上着力，在培养军营文化建设各类人才上着力，在加强军营文化建设效果评估上着力。

第一节　塑造与新时代相适应的军营文化建设理念

进入新时代，实现强军目标的战略对我军军营文化提出了新的要求和更高标准。文化的发展是先进理念替代落后理念的递进过程。切实加强新时代军营文化建设，首先要实现思想意识和思维方式的更新，塑造符合国家、军队、官兵需求，科学指导实践的建设理念。

一、确立更加强调意识形态和政治性的建设理念

文化从精神追求、行为标准、制度设计和物质构成等不同方面集中反映特定的意识形态要求和价值观导向。军队作为阶级社会的暴力机器，秉承统治阶级的意识形态和政治主张是军队的基本属性。我军是中国共产党创建和绝对领导下的军队，党的意识形态和政治主张就是军队的意识形态和政治主张，军营文化建设始终彰显社会主义意识形态、坚持党对军队绝对领导的政治要求，是毋庸置疑和必须毫不动摇的科学理念。从"三湾改编"提出"支部建在连上"的建军原则开始，我军始终把解决好"举什么旗""走什么路""听谁指挥""为谁打仗"等根本问题作为军营文化建设的重要内容，牢固确立了人民军队坚持社会主义意识形态、坚持党对军队绝对领导的政治本色，坚定不移地成为党的路线、方针、政策的忠实执行者和坚定捍

卫者。进入新时代，随着国际国内形势和我军建设目标、职能使命发生的新变化，习近平主席准确洞察判定的"当今世界正经历百年未有之大变局"正加快到来。在大变局之下，一些不愿意看到我国成为世界强国、实现民族复兴伟业的强敌对手越来越公开、直接、强势对我国进行全面阻击，尤其是在意识形态领域，更是极尽各种攻击手段，从价值观、制度体制、生活方式等方面进行宽视角全维度多层次的正面破坏，妄图让苏联解体东欧剧变的历史悲剧在中国重演。对此，习近平主席指出，要深入开展理想信念教育，大力发展先进军事文化，加强和改进思想政治工作，引导官兵坚定对马克思主义的信仰，对中国特色社会主义的信念、对改革开放和社会主义现代化建设的信心、对党中央的信赖，培养革命军人忠诚可靠、英勇无畏的精神。面对如此险恶的外部环境，我军军营文化建设在意识形态方面正经受着严峻的挑战和考验，相对于过去"军队非党化、非政治化"和"军队国家化"的错误政治观点，敌对势力对我军渗透破坏的形式已经从思想认识层面触及军队建设的各个层面，通过恶意批判我军为世界和平安全的威胁、诋毁我军政治工作的正当性、丑化我军高级领导干部的形象、污蔑我军官兵生活没有人权、贬低我军深化改革的各项成就等一系列的丑恶行迹，希望对我军坚持党对军队绝对领导的政治制度和官兵社会主义核心价值观、革命军人核心价值观实施销魂锉骨的破坏。此外，他们还策动一批思想早已偏离社会主义意识形态、价值观扭曲的所谓公知、大咖借助文化外衣在媒体平台、影视作品、书籍读物、文化活动中实施各种反动行为，培植尊崇西方、自我否定的社会文化氛围，对此我们必须给予高度重视和警惕。面对如此环境，确保军队和官兵的意识形态安全，保障政治本色永不消逝成为我军军营文化建设中至关重要的问题。对此，全军各级从上到下都必须时刻保持警觉度和警惕性，刻意强化新时代军营文化中意识形态和政治性要求的建设，牢固构建坚不可摧的精神长城和思想盾牌。

二、确立服务"信息化智能化"部队的建设理念

军营文化建设具有明显的时代印记和历史传承性，一支军队的组织模式、编制

体制结构、战斗力呈现形态等因素都对其军营文化具有决定性的影响。随着上述这些因素的变化，军营文化建设的战略标定和指向也必须随之调整，否则将严重制约军队发展进程和战斗力提升。从我军的发展历程和建设态势来看，当前正处于由机械化军队向信息化智能化军队转变的关键时期，从军事战略思想、作战形式方法到官兵学习、训练、生活的方方面面，都需要思维观念层面的深刻变革来引领行为层面的实践。与之相适应，军营文化建设也应循势而变，实现由服务机械化部队向服务信息化智能化部队的转型。机械化部队的特征在人员管理、装备管理、打击形式手段等方面表现出聚集性、规模性、程式性、粗放性等特征，配套这些特征，军营文化建设注重强调思想上和接触作战中显性战斗精神的培育，在制度机制上要求严格的规范化、程序化和稳定化。信息化智能化军队在上述一些方面表现为迅捷性、联动性、精密性、集约性等特点，与之相适应，军营文化建设应表现为更加凸显对心理健康、智力水平和非接触作战中隐形战斗精神的培育，在制度机制上更加强调体系化、应变化和实效化。从当前实际来看，我军军营文化建设机械化时代的痕迹明显，信息化时代的特征不足，与打造世界一流军队的建设模式、先进战斗力生成模式、新一代官兵认知成长模式的"水土不服"问题还比较突出。从理论指导实践的要求出发，新时代军营文化建设必须站在打赢未来高技术条件下现代化战争要求的高度，对标军队发展建设2035年、21世纪中叶两个阶段战略目标，尽快实现由机械化时代"按钮式"思维向信息化智能化时代"感应式"思维的转变，从顶层设计到末端落实全面贯彻适应信息化智能化部队发展要求的建设理念，切实为实现强军目标、打造强军文化提供科学配套的软实力支撑。

三、确立"姓军为战"、凸显血性的建设理念

特定的社会集团具有特定的领域特征，能不能将这种领域特征转化为团体鲜明的文化特色，是这一社会集团能否让人印象深刻，受到普遍认可、具有强大感染力和信服力的重要标准。军队作为社会中具有特定职能使命的武装集团，其军营文化建设同样需要体现鲜明的部队特色、军人特色和战争特色。就"你单位的军营文

是否具有浓郁军味兵味战味"这一问题，对军事文化学院来自基层单位的 700 多名学员的调研情况来看，出人意料地发现大部分学员认为本单位的军营文化在彰显军事特色方面并不强烈，甚至有学员表示单位的整体文化态势过于安逸缺少虎气血性，拼搏氛围、竞争氛围、团结氛围、备战氛围不强烈，训练难度强度不高、工作中进取精神不足、生活条件舒适，现实中的军营与入伍之前想象的军营差别很大。按照很有特色、比较有特色、缺少特色、说不清的顺序，相应比例分别为 17%、37%、42%、4%（如图 7.1）。这从一个侧面说明，进一步使军营文化具有更加鲜明的军味兵味战味，更加具有强烈的文化冲击力和感染力，是新时代军营文化建设的重要使命。通过与调研对象的交流，可以看到很多单位十分注重在军营生活中开展军事命题教育和军事主题活动，通过标语、橱窗、雕塑等营造军事环境，官兵之所以依然认为军事色彩不浓郁，其主要原因在于各类活动的开展过于强调文化的教育性、规范性、娱乐性，缺少对官兵战斗精神和虎气血性的激发。从表象看本质，主要是没有从观念上将文化视为战斗力要素的一部分，依然守旧的认为文化建设的主要功效是帮助官兵调剂生活和舒缓压力。因此，新时代军营文化建设应从思想观念上破旧立新，适当削弱一般意义上文化为人提供"舒适休闲"型服务的软柔属性，更加凸显军营中文化的催人奋进、阳刚坚毅的强硬属性，立足于实现强军目标和当前军事斗争形势日益严峻的现实环境，牢固确立新时代军营文化建设"姓军为战"凸显兵味血性色彩的新理念。

你单位的军营文化是否具有浓郁军味兵味战味?

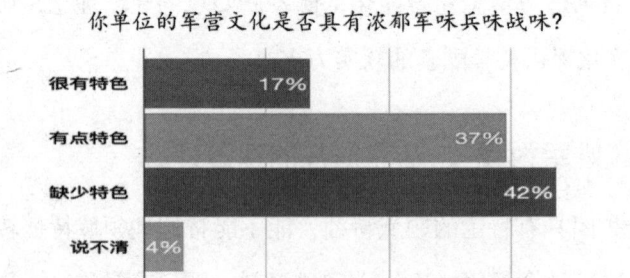

图 7-1 军营文化建设特色情况调查

四、确立"以人为本"、促进官兵全面发展的建设理念

近年来，我军对文化工作愈加重视，军营文化建设得到了长足发展，促进战斗力生成的"软实力"作用也越发明显。通过以问卷、座谈的形式，对国防大学军事文化学院本科、专升本、大专三个学历层次，来自全军各军兵种的 700 多名学员进行调研，发现目前基层官兵对发展军营文化的重要性、必要性具有很强的认可度，也普遍具有希望快速发展军营文化的迫切意愿，但总体上对军营文化建设的满意度并不是很高。其中关于"你对单位文化活动开展情况是否满意"这一问题，按照很满意、比较满意、不太满意、说不清的选项相应比例分别为 16%、21%、57%、6%（如图 7.2）。进一步交流分析原因，以下三点是大部分调研对象提出的共性问题。一是对单位安排的各类教育、竞技、游艺等文化活动不感兴趣，一些官兵反映为"喜欢的不让干，不喜欢的逼着干"。二是一些活动的时间、地点、场合组织的安排不合理，想参与的时候受时间限制不能尽兴、训练已经很累可还得参加各类教育，各项活动"抢人抢地抢时间"的矛盾比较突出。三是很多活动都是按照单位意愿组织的，自己没有参与决策权和选择权，不自觉地会有抵触和逆反心态。客观来看，这三点问题并不完全都是单位的问题，一些官兵自我意识较强又缺少正确地引导教育，总是处于命令式的服从接受状态，存在不满情绪是完全可以理解的。但也要看到，这些问题集中凸显了当前我军军营文化建设中的一个突出矛盾，那就是在实践中对官兵文化需要的关切不足，从深层次上讲就是对官兵主体地位的认识还不深刻，没有树立起新时代军营文化建设"以人为本"促进官兵全面发展的思维理念。马克思主义的文化观强调，文化的核心价值在于培养人、塑造人，始终发挥促进人自由而全面发展的作用，是文化生命力的根本保证。长期以来，我军军营文化建设受历史原因和诸多现实挑战的影响，一直带有很强的主观性、说教性、灌输性，习惯于按照部队任务的需要以强制性、指令性的模式开展相关活动，只盯着组织需要什么，在一定程度上忽视了官兵希望什么的诉求。从组织行为学的视角看，组织目标与个人

目标在总体上越一致，越有利于组织目标的实现。新时代官兵独立思考的能力更强，活出自我、完善自我、成就自我的意愿更加强力，在部队中尊重官兵成长意愿和心理愿景，既是文化建设的科学规律所循，也是现实要求所需。因此，对于新时代军营文化建设来说，必须真正做到充分听取采纳官兵意愿和需求，不仅关注部队目标的实现，更加关注为官兵实现个人目标提供支持保障，实现军营文化融合部队目标和个人目标的双轨并线发展，在思维上敢于突破、敢于创新，适应新时代要求牢固树立军营文化建设"以人为本"促进官兵全面发展的新理念。

你对单位文化活动开展情况是否满意？

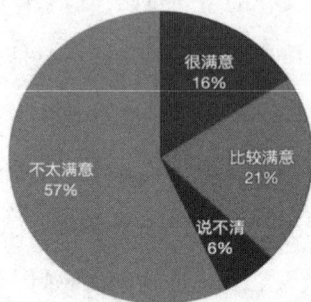

图 7-2 军营文化活动满意度调查

第二节 构建新时代军营文化的综合集成建设体系

新时代军营文化建设不是单纯狭义的精神文化建设、行为文化建设等，也不是各模块要素 1+1 式的简单叠加，而是一个由多要素组成的多层次、多结构、多目标的整体系统工程，各构成要素各司其职、互相补充、互相完善，不可替代，并按照其固有的规律共同为军营文化建设运行服务。从现实路径来看，注重立足整体把握全局，科学构建新时代军营文化系统建设体系，对加强新时代军营文化建设具有十分重要的意义和价值。

一、增强系统建设意识

军营文化建设本身就是一个系统整体，具有明确的组成要素和独特结构。从文化本身的属性特征和新时代打造强军文化目标的总要求来看，继续按照过去忽视文化的关联性和复杂性、人为割裂文化要素联系、局限在某一狭义领域进行单一文化建设的孤立的、静止的形而上学的思维观念，已经无法适应现实需要和更加宏大战略目标的实现。因此，加强新时代军营文化建设，需要从思想认识上实现破旧立新，摒弃各自为战、互不相干的落后建设观念，增强融合联动、相互完善的先进的综合集成系统建设意识。这既是当前抓住主要矛盾解决实际问题的要求，也是遵循文化发展从简单到复杂、从单序到多序、从低级向高级客观规律的体现。具体而言，这就要求在军营文化的建设实践中重点把握系统复杂相关性这一重要特征，始终从整体性出发，既看到军营文化建设中各构成模块自身的独立特质，也看到各模块在分割状态下无法显性表现，需要集合后才能显现的整体特质，在全要素统筹管理中实现整体协同式发展，避免出现结构冲突和效益内耗。例如，按照过去的认识，价值观培育往往局限于思想教育。按照系统建设的认识，除此之外还应包括以下三个环节：开展将价值观要求具体化、外显化的行为活动；建立具有激励引导和监督惩戒等内容的制度章程；提供基于基础性、多样性服务和影响的物质保障。

二、加强系统内部协同

新时代军营文化建设作为一个由各模块构成的复合系统，一方面，其整体功能的强弱直接受制于各模块功能的强弱及相互间关联结构的合理程度。另一方面，作为整体系统的军营文化建设又影响约束着各构成模块的发展形态和方向。为了实现系统效能的最优化，就必须充分认识军营文化建设各构成模块的性能和相互关系，不断加强内部协调从而推动整体系统的发展进步。新时代军营文化建设包含精神模块、行为模块、制度模块、物质模块四个方面内容，按照不同职能和特征共同构成完整系统，忽视任何一个方面都会给军营文化建设造成短板，影响其整体功能。在军营文化系统中，精神模块处于核心位置，决定系统的运行模式，是物质模块得以实现的关键环节，其丰富内涵外化于行为模块、制度模块之中；行为模块是精神模块的外在显性表现，是制度模块的规范对象和物质模块的作用服务对象；制度模块既是精神模块和行为模块的物化表现，又是实现物质模块的客观依据和保证，是将各模块结合成一个有机整体的枢纽和桥梁，是文化系统正常运行的关键；物质模块处于最基础的位置，满足物质需要是文化生成的根本，也是文化系统发挥效能的先决条件。正如马克思主义原理中物质决定意识、经济基础决定上层建筑，精神模块、行为模块和制度模块均受制于物质模块。军营文化系统的四个模块相互依托、共同作用，任何一方的微小变化都会影响其他模块乃至整个文化系统的运行状态和发展趋向。因此，加强新时代军营文化必须不断加强系统内部各模块间的联动协同，通过四个模块的全面、完整、均衡发展推动整体文化系统的进步。

三、强化系统外部联动

军营文化始终处于社会文化的影响之中，社会主流文化的价值取向、行为准则、制度标准和物质基础，直接决定着军营文化的价值取向、行为准则、制度标准和物质基础。对于新时代军营文化建设来说，光靠处理好系统内部问题是不够的，还需要借助系统外部的积极力量和丰富资源不断增强内部活力、提升发展质量。一方面，要保持军营文化建设的适度开放性。就是要将军民融合发展理念融入新时代军营文化建设中，借助地方在人力、平台、技术、资源等多方面的优势，通过全面援建、参与帮建、联手协建等多种形式将文化人才引入军营、文化资源落地军营、文化力量注入军营。另一方面，要保持军营文化建设的动态性。军营文化随着社会文化的发展而发生变化，与社会文化保持动态一致，既要自觉吸收社会文化中适应军营文化发展要求的文化要素，又要主动排斥社会文化中不适应军营文化发展要求的文化要素，使军营文化建设在不断更新完善的动态发展中不断提升。

第三节　培养造就新时代军营文化建设的人才梯队

推动中国特色社会主义文化建设繁荣发展，队伍是基础，人才是关键。对于新时代军营文化建设来说，同样需要培育组建锐意进取、结构健全、门类齐备、比例协调、规模合理的优秀人才方阵，通过各类人才之间的优势互补和密切协作，扎实提升军营文化建设质量。对此，从军营文化建设的层级和职能定位出发，应重点培育新时代军营文化建设的领导型人才、专业型人才和业余骨干型人才"三支队伍"。

一、培养造就领导人才队伍

"文化建设最重要的是抓方向、抓队伍建设。"[①]从组织管理学的理论看，没有过硬的优秀领导，带不出优秀的文化建设团队，更交不出优秀的成绩单。推动新时代军营文化建设，首先需要有能力素质过硬的优秀领导型人才。新时代条件下，我军全面建设的内外部环境均发生显著变化，特别是随着国防和军队改革的不断深入，部队在编制体制、结构格局等方面的调整直接对官兵思想意识、理想信念、价值取向、道德观念等造成影响，并直接表现为行为方式、意图、标准等更加多元化、多样性。从实际情况看，一些单位领导还没有充分认清当前军营文化建设所面临的复杂形势和艰巨任务，对出现的新情况新问题了解不全、把握不准、认识不深，实际工作中不提高重视度、不遵循客观规律、不学习新理论和新方法，简单地用"外行标准"代替"内行标准"，用行政管理代替专业管理，从而对我军军营文化建设科学化、质量化发展造成不小的阻力和制约。对此，应对标工作任务对责任人能力素质的实际需求，抓好新时代军营文化领导型人才的培育。在具体标准方面，一是要政治立场坚定、思想理论水平高、熟悉文化工作，具有高度政治敏锐性和政治鉴别力，

---

① 江泽民文选（第一卷）[M]. 北京：人民出版社，2006:580.

善于驾驭意识形态领域复杂局面。积极主动用中国特色社会主义理论体系、特别是习近平强军思想和社会主义文化建设重要论述武装头脑指导实际工作。二是要具有较高文化修养和科学思维能力，注重理论学习和文化问题研究，具备把握文化发展方向、了解文化建设规律、掌握文化管理科学方法、敢于变革锐意创新的本领。三是要作风端正、德才兼备、尊重人才，在文化人才的使用上能够慧眼识人，不唯学历、不唯职称、不唯资历、不唯身份的不拘一格进行文化人力资源的优化配置，树立公心踏实扑下身子为优秀人才铺路搭桥办实事，提供施展才华的机会和舞台，营造人才不断涌现、成绩不断提升的良好局面。

二、培养造就专业人才队伍

无论哪一个行业，想要不断发展进步都需要具备专业技能的人才。面对实现强目标，建成世界一流军队的迫切要求，新时代军营文化建设必须大力培育一支高素质专业人才团队。对此，应着重抓好三支队伍的建设。一是理论型文化教研队伍，其主体主要由军队院校和科研机构相关领域人员组成。能够胜任军队文化人才培养工作，主动深入研究新时代军营文化建设理论和学术前沿问题，不断科学阐释军营文化内涵外延、规律机制、业态形式等基本问题，总结历史经验，探索创新发展路径方法，为新时代军文化建设实践提供科学有力的理论支撑。二是职业型文化服务队伍，其主体是军队专业文化团体和单位业务人员。不断提高专业能力，强化优势技能、学习拓展技能，全面掌握写、画、唱、跳、演等文艺技能。以服务部队、服务官兵的数量质量作为绩效评定的重要依据，不断增强为兵服务的意识和责任感使命感，增进对部队和官兵的感情。三是复合型文化管理队伍，其主体是各级机关参与相关工作的参谋人员。具备较高的文化素养和人文知识，具有军营文化建设的丰富经验，能够准确领会领导意图、掌握官兵实际需求，了解文化工作的规律特点，熟悉文化活动的管理程式，能够胜任开展军营文化建设全过程各环节上的统筹协同工作。

三、培养造就基层骨干人才队伍

新时代军营文化建设的主体在官兵，根本在基层。在新的军队编制体制改革中，随着我军大量裁撤整组专业文化工作单位，推进军营文化建设的任务更多的要立足于依靠基层单位、依靠官兵自身来完成。因此，加强建成一支有特长，能组织、会管理、懂操作的基层业余文化人才队伍，是有效推进新时代军营文化建设质量发展的关键之举，对彰显我军军事文化特色、浓郁军营文化兵味战味、焕发官兵生机活力具有重要意义。从实践出发，应着重把握以下几个方面的内容。一是要制定基层文化骨干的培养规划，切实优化人才编配和职级结构、合理安排军事主职和文化兼职的关系、在场地器材和经费等方面给予支持、落实"三位一体"军事人才培养要求，在组织编制、工作统筹、送学培训等方面完善相关政策措施，激发进取精神和成才意愿，为基层文化骨干人才成长提供有力保障。二是要加大基层文化骨干的使用力度，多提供实践锻炼的机会和平台，坚持"以用为主"的原则，多给任务、压担子，在各项工作中结合实际"多用、常用、使劲用"，让基层文化骨干在工作开展中积累经验、增强本领，形成军营中文化人才"越用越好用"的良性成长环境。三是要发挥基层文化骨干"接地气"的优势，将军营的训练生活和官兵的文化需求、兴趣爱好融入文化教育准备、文艺作品创作、文化活动组织等各项活动中，在兵写兵、兵唱兵、兵演兵的认同感和亲切感中倍增军营文化效力。

第四节　加强新时代军营文化建设量化评估

开展量化评估及实效反馈工作是科学推进新时代军营文化建设的现实所需。要通过不断完善评估模型，综合运用多学科理论对军营文化的状况和建设质量进行评估分析，期以反映实践中的基本势态、得失利弊、发展趋势等问题，为优化决策和改进发展提供数据参考和信息借鉴。

一、构建量化评估模型

依据本书对新时代军营文化建设基本内容的界定，运用统计分析方法初步设计了一个由 4 个一级指标、14 个二级指标、45 个三级指标构成的评估指标模型（如表7.1），对模块建设数据的定量、定性处理进行科学分析。

任何科学的决策都离不开对现状和态势的准确把握。构建上述评估指标体系不仅有助于较为准确、公正地评价新时代军营文化建设的现状和态势，也有助于文化建设的科学决策的形成。由于开展文化评估的极端复杂性，该体系目前还只是一个理论构想，存在许多遗漏或不妥之处。不断对该体系进行充实和完善，使其更加具有科学性和操作性，是开展后续研究的重点内容。

二、正确处理效果评价

文化建设涉及人类活动的方方面面，除了文化建设的主体——人具有极大的复杂性和不可控性之外，文化建设的客体也具有极大的复杂性。构成文化系统的精神、行为、制度、物质等各参与要素不仅自身内容庞杂、层次多样、有形对象和无形对象虚实兼容，相互联合联动后的形态及运行过程更是复杂多变、难以掌控。由于文化建设评估对象和过程的复杂性及不稳定性，导致了评估结论的复杂性和真实效果的不确定性。因此，为了高效发挥军营文化建设评估的价值所在，必须切实加强对评估结论的效果评价。

效果评价指对结论反映实际情况并对后续工作提供参照性、指导性价值大小的判断。对于新时代军营文化建设而言，效果评估常常表现出不同的形态和内容，准确把握其付诸实践后的真实效果，切实为军营文化建设提供积极助推，应辩证处理好以下几组关系。直接效果和间接效果。评估结论在客观反映现实情况的基础上，会通过研究分析形成一系列的对策建议。这些对策建议在实施中有些能够单层次的、不借助载体或中介地表现出效能。有些则需要通过多层次的、借助其他载体或中介来表现出效能。对于新时代军营文化建设来说，要对评估结论中具有直接效果和间接效果的不同内容进行精准区分，对可以产生直接效果的要力求"一步到位"，对能够产生间接效果地做好设计规划。显性效果和隐性效果。文化建设是一项诸多要素参与其中的复杂工程，任何环境条件的变化都可能造成无法预知的影响。充分发挥评估结论的实际价值，需要正确看待显性效果和隐性效果的不同作用。具体而言，不能因为显性效果是容易被察觉、被认可的就积极投入，而隐性效果是不易被察觉、被关注和肯定的就放松懈怠。短期效果和长期效果。受发展阶段和客观条件的影响，评估结论中的对策建议不可能永远具有绝对的正确性和指导意义。因此，就需要实事求是的在时间上做好规划，能够在短时间内产生积极作用的就按照短期方案实施，需要长时间产生效果的则按照长期方案实施。"真象"效果和"假象"效果。"真象"效果指评估结论能够客观准确地反映评估对象的真实情况，从而为实践工作提供准确指导。"假象"效果指评估结果不能真实反映评估对象的真实情况，导致实践工作出现方向偏离、方法失当等问题。对于新时代军营文化来说，要注意避免评估结论中"假象"效果的干扰，防止面子工程、形式主义等问题的出现。

三、建立评估反馈机制

完成评估仅是构建新时代军营文化建设的目标之一，另一个也是更重要的目标，是及时、有效地进行结果反馈，为新的建设实践提供意见和建议。有效建立科学的反馈机制，通过对数据结果所表现出的现实状况与预定状态之间的偏差信息在施控环节加以校正，调整运行状态和方式，是实现军营文化系统可控性发展，积极发挥效能的根本途径。

前置反馈机制。前置反馈指在系统运行之前就对输入端可能产生偏差的因素进行干预，而不是在输出端形成偏差事实后再进行回应。对于新时代军营文化建设来说，就是要立足于现实情况和评估结论进行科学分析，在具体实践活动开始之前，就对已经预知的问题进行前瞻性控制，开展针对性措施做好引导和应急处理等工作。中程反馈机制。中程反馈指系统运行中面对自身缺陷或受到外部环境影响出现执行偏差时，能够及时完成对原决策信息与现实情况的必要性修正。对于新时代军营文化建设来说，在各项实践活动的执行中不可避免地会遇到各种突发情况，因此，应探索完善多向性、多级性、网络化的复合型中程反馈机制，帮助各级领导和军营文化建设者及时掌握偏差信息，采取有效措施进行修改完善。末端反馈机制。末端反馈指系统运行结束后对预期效果在实际结果中的实现度进行对照分析，研究偏差产生的问题和环节所在，为系统后续运行提供指导调控。对于新时代军营文化建设来说，末端反馈应以量化评估为重点，把握官兵在思想、行为等方面的变化，总结积累经验教训，形成评估反馈的良性循环，科学推进新时代军营文化建设蓬勃发展。

新时代军营文化建设量化评估模型

一级指标	二级指标	三级指标	评估要求	评估依据
精神模块（40%）	政治素质	共产主义信仰	一是对思想理论的科学性进行评估。理论的发展会随着社会进步和人们认知水平提升而不断变化，在不同的历史阶段和立场下，同一种理论的地位、作用、影响力等都会产生不同的变化。因此，必须立足新时代特征对军营文化精神体系的思想理论内容本身进行科学性、先进性鉴定，确保精神文化的科学性、权威性、指导性。二是对主体影响的实际效果进行评估。对个体进行精神层面的成效评估具有很大的难度，在媒体中要坚持数据为主的原则，多进行定性评判，少进行定量评价，重点考量个体是否达到了对其精神要求的预期目标。	军事法律、法规、军事规章（含军事规范性文件）、涉及组织管理、人才培养、装备物资管理等方面的相关规定；关于军事学、文化学、社会学、人力资源管理学等相关法学研究成果；系统研究与相关科学研究方法。
		对党忠诚		
		中国特色社会主义制度、道路、理论、文化自信		
	道德素质	爱国、爱军、爱民精神		
		职业道德		
		个人品德		
		家庭美德		
		社会公德		
	科学素质	通识知识		
		马克思主义理论		
		科学思维方法		
		军事科技知识		
行为模块（20%）	政治性行为	思想政治教育	一是注重检验规范性和标准性。高度统一是军队行为活动的基本特征和要求，每一个个体都应表现出与集体的一致性和协调性，越是能够按照规范要求进行行为操作，说明文化影响越深入越强势。评估中要以军营行为活动的实施是否有着规范、标准明确、始终处于有参照、有约束地可控过程作为主要内容；二是注重主体的个性和刚性。评估主体的个性，但一定会做出的，但一定会缺损性的。因此，在具体操作中有应对的软硬，倡导的和应该做的，激励的和约束的，越是为过程那严重正确，越是于干被人接受和尊重。三是注重主体文化的形成与发展。对于军营文化中制度模式评估非末起，其行为为动态文化反映真负责，一旦发现的问题不能随你和正确，更会为不良文化的滋生提供土壤。因此，在军事操作中心须认真负责，发现的问题衔接和正确，有利于其其所表现的文化的形成，反思和改持，健康军营文化的生成。	
		政治主题活动		
		军事仪式活动		
	职业性行为	通用军事训练		
		专业性军事行动训练		
		非战争性军事行动训练		
	管理性行为	组织管理	一是充分考虑制度作用的系统复杂性。制度模块的评估是一个动态连续的复杂过程。当一项具体制度变更其独立存在的形式较长，但处于主管而是要在体系中运行和效果好坏具佳时，要立足文化系统的复杂性，要求各项制度之间的相互适应，从而保证评估的前后影响间发生的情况变化。二是无分考虑制度间的滞后性，其滞后是旧事物要素数效的抗压性，既不是单纯的抗压，也要对外部要素数效，具体则是一项制度惯的较大活力，形成多元继续的制度发展模式。	
		学习管理		
		训练管理		
		装备物资管理		
		生活管理		
	发展及需求性行为	文化教育		
		专业培训		
		文娱活动		
		社会交流		
制度模块（20%）	根本制度	政治制度	一是对管理质量进行全程性评估。评估以实现物质载体的效益最大化为目的，组织、领导、从计划、从计划、协调、控制等环节对物质的使用状态和功效进行考察，科学引导军营不仅仅是在科学中科学健康物质建设的形成；二是对实用性评估的目的存在于增强主体和物质对象间的关联度，使他们物质对象不仅是主体的体验功能性，科技水平，相关评估之同的联系；三是以体力为主体的物质的功能，物质既发挥着载体的功能，与物质的载体品与特定精神、价值观等内容的评估中，应注重创性文化本体与物质之间的关联，注重各系统现象品，应注重创性文化本体与物质之间的关联，注重各系统现象品与特定精神与物质之间的关联。	
		军事制度		
		文化制度		
	日常规范	条令条例等制度法规		
	体制机制	制度宣传机制		
		制度运行机制		
		制度监督机制		
	法制环境	法制观念		
		文化氛围		
		军营风气		
		职业作风		
物质模块（20%）	军事标识识别器物	武器装备		
		军人被装配饰（徽章、旗帜等）		
	军营特色生态环境	军营学习用品		
		军事训练物品		
		军营特色生活物品		
	军营生活环境	军营活动设施设备		

表 7-1　新时代军营文化建设量化评估模型设计表

结　论

　　本书运用文化学、军队政治工作学、系统学等学科的相关理论，对新时代军营文化建设进行较为深入的系统研究，主要研究了新时代军营文化建设的理论基础、根本遵循、历史镜鉴、现实考察、外军借鉴、战略构想、基本路径等。在阐述学界对文化，特别是军事文化、军营文化研究成果的基础上，从新时代军营文化建设的相关概念和理论基础入手，给出新时代军营文化建设的定义，明确了新时代军营文化建设的内涵和特征，特别是解构提出新时代军营文化建设的四个模块，即精神建设模块、行为建设模块、制度建设模块、物质建设模块，同时以这四个模块为经，以各部分的实际内容为纬进行研究。在深入学习研究习近平主席关于党和国家、军队文化建设重要论述和习近平强军思想的基础上，从新时代军营文化建设的战略地位、根本指导、重要原则、价值指向、存在挑战、现实着力点等六个方面，研究梳理出习近平主席关于新时军营文化建设的主要思想观点，并以此作为论文各章节理论指南。论文分革命战争阶段、社会主义建设阶段、改革开放阶段三个大的阶段，从宏观上研究了军营文化建设各处阶段的做法和经验，得出推进军营文化建设必须始终坚持马克思主义先进理论为科学指导，始终坚持服务官兵、依靠官兵，始终坚持围绕中心任务、促进战斗力提升，始终坚持正确处理各模块发展的相互关系，始终坚持根据形势任务发展不断创新等"五个始终坚持"的经验和启示。

　　本书对新时代军营文化建设的成果进行总结，研究分析面临的挑战和存在的问题主要有：一是滞后观念和过时理论的制约，造成对军营文化建设的认知不足；二是西方价值观和生活方式的冲击，使官兵文化自信一定程度上受到削弱；三是经验主义和守成思想的束缚，导致军营文化功能发挥不明显；四是战略目标和宏观谋划的模糊，造成对军营文化建设的系统指导不够等。从制约因素上看，主要有军营文化建设理论体系不成熟的羁绊，发展社会主义市场经济的负面影响，西方意识形态的文化冲击，军民融合发展程度不高等。本书对美俄等世界强国军队的军营文化建设进行研究，介绍了他们的主要做法和特点，认为美俄军队在军营文化建设上具有将价值观培育作为精神模块建设的核心，把提升官兵行为能力作为行为模块建设的根本，把细节规范和强力约束作为制度模块建设的着力，把建设卓越的物质模块作为军营文化建设的基石等特点，他们的有益做法启示我们，新时代军营文化建设要重视军营文化的政治功能、战斗功能、育人功能、仪式功能、交往功能和器物载体建设。

本书研究了新时代军营文化的战略目标、总体要求。战略目标构想是，在党的十八大以来所形成的大力加强文化建设良好局面的基础上，从 2020 到 2035 年围绕强军目标夯实革命军人核心价值观，全面彰显良好的军队形象和官兵风貌，军营活动更加具有科学性、先进性的现代化特征，各项军事制度密切融合形成有机整体，军营物质基础和保障水平显著提升。到 21 世纪中叶，全面建成革命军人核心价值体系、先进行为体系、科学制度体系和物质支撑体系，发展成为世界一流军队的军营文化。从总要求上看，一是以"四有"为核心价值，构建军营文化精神体系；二是以完成军事任务为标准，构建文明的先进行为体系；三是以坚持依法治军为原则，构建科学的制度体系；四是以激发官兵精神动力为指向，构建坚实的物质支撑体系。本书提出新时代军营文化建设要从四个大的方面入手，一是要塑造与新时代相适应的军营文化建设理念，牢固确立加强意识形态和政治性，服务"信息化智能化"部队，以人为本、促进官兵全面发展等理念；二是要构建新时代军营文化的综合集成建设体系，增强精神模块、行为模块、制度模块和物质载体模块建设的内部协调建设以及外部的国家层面的联动建设；三是培养造就新时代军营文化建设的人才梯队，着力培养造就领导人才队伍、专业人才队伍、基层骨干人才队伍等三支队伍；四是加强对新时代军营文化建设的量化评估，主要是构建效果评估模型，正确运用评估结果并及时做好评估反馈，不断改进工作，提升军营文化建设水平。

本书的主要创新体现在，一是用系统科学理论，坚持统分结合分别对军营文化建设的精神、行为、制度、物质四个方面进行了模块分析，得出了一些有价值有新意的结论；二是在深化学习理解习近平主席关于党和国家、军队文化建设一系列重要论述的基础上，从六个方面对习近平主席关于新时代军营文化建设的论述进行系统研究阐发，仅针对军营文化建设而言，目前还不多见；三是分三个大的阶段对我军军营文化建设的发展历程进行概括和研究，总结出一些有价值的经验和规律性认识；四是对中外军营文化建设进行适度对比，得出一些有新意的启示；五是在新时代军营文化建设的战略构想、对策建议中，提出一些有所创新的思路和观点。

新时代军营文化建设是个大课题，其内容十分丰富，涉及的要素多学科多，尽管进行了深入的研究，形成了初步的成果，得出了一些有价值有创新的结论，但由于受本人知识结构、研究能力和认识水平的局限，还存在许多问题需要进一步深入研究。（1）笔者力图改变过去军营文化建设过分偏重精神领域研究的局限，努力从精神、行为、制度和物质四个方面进行模块化研究创新，虽然研究得出一些有所创新的结论，但在实际研究中，对这四个方面进行有效切分存在着很大的困难，特别是对更加清晰地界定四个模块的内涵，让人们充分认同这四个方面都是军营文化建设的重要组成部分，还有许多研究工作要做。（2）在我军军营文化建设历程、外军军营文化建设的启示两个部分，尽管用了附件列出了外军的一些做法，但所提供的材料总体上还不够丰满，一定程度上影响了对得出观点的支撑力度，这也是以后进行军营文化建设研究需要丰富完善的新增长点。（3）论文就新时代军营文化建设提出了一些有新意的对策建设，但由于我军目前还在进行改革，改革后还可能出现一些新情况新问题，有些对策建议可能还存在与实际不完全符合，操作性不够强的问题，需要在现有研究基础上，进一步根据新的体制机制进行深化研究，探索更加有效的军营文化建设路径，为提高军营文化建设效益提供新思路新举措。

参考文献

1.期刊类:

[1] 李维武.传统文化的创造性转化与创新性发展——对习近平文化观的思考 [J].武汉大学学报（哲学社会科学版）,2018,71（03）:5-12.

[2] 高福进.传统文化在现代国家治理中的意义：基于习近平文化论述的视角 [J].湖湘论坛,2018,31（01）:14-22+2.

[3] 罗建华.从"三个自信"到"四个自信"：习近平对中国特色社会主义文化的思考与定位 [J].求实,2017（05）:4-12.

[4] 罗建华.从"三个自信"到"四个自信"：习近平对中国特色社会主义文化的思考与定位 [J].求实,2017（05）:4-12.

[5] 邢东,王光耀.打造特色军营文化 促进部队科学发展——原兰州军区某红军师"铁锤子团"军营文化建设纪实 [J].军队政工理论研究,2012,13（01）:141.

[6] 解正轩.大力发展先进军事文化 为部队建设提供强大精神力量 [J].求是,2011（01）:41-44.

[7] 荣开明.担当起新时代的文化使命——学习习近平新时代中国特色社会主义文化思想 [J].学习论坛,2018（07）:17-25.

[8] 赵莉.当前军营文化发展存在的问题及解决方法 [J].西安政治学院学报,2009,22（02）:126-127.

[9] 哈达.党的十七大以来国防和军队建设的成就与经验 [J].实践（思想理论版）,2012（08）:10-13.

[10] 萧裕声.党的十三届四中全会以来国防和军队建设的成就与经验 [J].军事历史,2002（05）:3-9.

[11] 汪伟华,陈子目.放飞梦想的"星光大道"——公安海警学院四十三队加强军营文化建设小记 [J].政工导刊,2015（03）:61.

[12] 田龙海 . 改革开放 30 年我国军事司法制度建设的主要成就及其理论创新 [J]. 西安政治学院学报, 2008, 21（06）:62-65.

[13] 杨高明 . 改革开放以来人民解放军制度建设基本经验 [J]. 军事历史, 2016（02）:53-56.

[14] 孙家荣 . 核心价值观的认同与追随——军营文化建设的出发点和着力点 [J]. 思想教育研究, 2008（07）:73-75.

[15] 江汉 . 建议加强国防建设成就的宣传 [J]. 国防, 1991（06）:6.

[16] 徐飞 . 解放战争时期人民军队制度建设的基本经验 [J]. 军事历史, 2016（02）:45-48.

[17] 储茂华 . 进一步做好新世纪新阶段军队意识形态工作 [J]. 军队政工理论研究, 2011, 12（04）:22-25.

[18] 蒯正明 . 九十年来中国共产党干部制度建设的探索历程与基本经验 [J]. 社会主义研究, 2011（03）:84-88.

[19] 钟伟 . 军营文化工作创新的几个着力点 [J]. 军队政工理论研究, 2010, 11（03）:123-124.

[20] 彭晓峰 . 军营文化建设应着眼培育打仗意识与战斗精神 [J]. 政工学刊, 2013（03）:48.

[21] 陈飞 . 军营文化建设重在开拓创新 [J]. 南京政治学院学报, 2010, 26（04）:94-96.

[22] 刘洪军 . 军营文化要在推动社会主义文化大发展大繁荣中走在前列 [J]. 军队政工理论研究, 2008（03）:16-17.

[23] 周鑫 . 抗日战争时期人民军队制度建设的回顾与思考 [J]. 军事历史, 2016（02）:41-44.

[24] 于杰, 尚勇 . 浅析文化在当代军人职业价值观培养中的作用 [J]. 南京政治学院学报, 2007（06）:128-129.

[25] 于海, 戴建国 . 全球化时代军营文化面临的挑战与对策 [J]. 政工学刊, 2003（03）:62-63.

[26] 孙少华 . 让军歌更加嘹亮——在新的起点上推动军营文化建设 [J]. 求是, 2012（06）:55-56.

[27] 李军, 张丰 . 让军营文化成为官兵关系的"粘合剂" [J]. 军队政工理论研究, 2006（01）:93.

[28] 赵江 . 让军营文化助力能打仗打胜仗 [J]. 南京政治学院学报, 2014, 30（04）:134-135.

[29] 王辉 . 人的发展：习近平文化强国战略思想的三重维度 [J]. 云南社会主义学院学报, 2019, 21（01）:23-28.

[30] 陈世润, 胡喜如 . 社会主义 60 年来中国共产党制度建设的历程、特点及经验 [J]. 学习论坛, 2016, 32（09）:23-26.

[31] 刘中欣, 秦杨 . 社会主义革命和建设时期人民解放军制度建设探析 [J]. 军事历史, 2016（02）:49-52.

[32] 洪保秀 . 社会主义市场经济条件下军营文化建设的几个问题 [J]. 南京政治学院学报, 1997（03）:52-53.

[33] 辛向阳 . 深刻把握习近平新时代中国特色社会主义思想的精髓要义与鲜明特征 [J]. 中共杭州市委党校学报, 2017（06）:4-9.

[34] 何雯，刘斌.推进军营文化建设创新发展[J].政工学刊，2012（10）:48-49.

[35] 王安.我军正规化建设的提出、实践和发展[J].军事历史研究，1990（04）:41-49.

[36] 张新.习近平对毛泽东中国传统文化观的继承和发展[J].思想理论教育，2017（01）:41-45.

[37] 王文俊，钟洁.习近平新时代文化自信思想：生成逻辑、核心要义、坐标导向[J].广西社会科学，2017（11）:12-17.

[38] 刘波.习近平新时代文化自信思想的时代意涵与价值意蕴[J].当代世界与社会主义，2018（01）:97-104.

[39] 庄尚文，朱晨之，许成安.习近平新时代中国特色社会主义经济思想的一致性、整体性与创新性——纪念新中国成立70周年[J].首都经济贸易大学学报，2019，21（02）:3-11.

[40] 王贵贤.习近平新时代中国特色社会主义思想的整体性特征[J].思想教育研究，2018（08）:16-21.

[41] 涂志明.习近平新时代中国特色社会主义思想与红色文化：价值关联与研究探索[J].南华大学学报（社会科学版），2018，19（06）:32-37.

[42] 钟实.向世界一流军队迈进——党的十八大以来我国军队建设取得的成就[J].经济，2017（15）:12-14.

[43] 冯立鳌.新时代·新思想·新特征——习近平新时代中国特色社会主义思想及其理论特征[J].广东社会科学，2018（01）:5-10+254.

[44] 张军.新形势下加强军营文化建设的着力点[J].南京政治学院学报，2012，28（S1）:106-108.

[45] 孙颖.新形势下军营文化建设的着力点[J].南京政治学院学报，2009，25（06）:115-116.

[46] 齐德学.新中国60年国防和军队建设的主要成就、基本特点及启示[J].军事历史，2009（05）:1-6.

[47] 张军贤.新中国国防和军队现代化建设的重大成就和历史经验[J].中共党史研究，2009（10）:85-92.

[48] 姚柱.以党建引领新时期企业文化建设[J].文化产业，2019（22）:53-54.

[49] 张明，翟桂萍.以构建和培育军人核心价值观为牵引 大力加强军营文化建设——南京政治学院上海分院师旅主任政工研究班研讨综述[J].军队政工理论研究，2008（05）:120-121.

[50] 刘艳.以提升战斗力为牵引 加强军营文化建设[J].语文教学通讯·D刊（学术刊），2012（Z1）:53-55.

[51] 陈佳.用先进军营文化培育军人血性[J].政工学刊，2015（07）:66-67.

[52] 赵发洪.站在提升军事软实力的高度加强军营文化建设[J].军队政工理论研究，2008（01）:16-17.

[53] 王鸿，刘汉利.长征中军事法规制度建设的历史考察[J].军事历史，2018（06）:51-54.

[54] 杜林洁.正确认识和处理"四个关系" 打造支撑打赢制胜的强军文化 [J]. 政工学刊, 2015
（12）:64–65.

[55] 陈华兴.中国共产党制度建设 90 年的基本历程和主要特点 [J]. 浙江学刊, 2011（04）:15–19.

[56] 李莹.中国政治制度建设的基本历程及意义 [J]. 新西部（理论版）, 2014（18）:93+59.

2.专著类：

[57] 马克思恩格斯选集（1–4 卷）[M]. 北京：人民出版社, 2012.

[58] 中国人民解放军军事科学院.马克思主义军事理论著作选读 [M]. 北京：军事科学出版社, 2008.

[59] 毛泽东.毛泽东选集（1–4 卷）[M]. 北京：人民出版社, 2009.

[60] 习近平.习近平谈治国理政 [M]. 北京：外文出版社, 2014.

[61] 习近平.习近平谈治国理政（二）[M]. 北京：外文出版社, 2017.

[62] 中共中央文献研究室.习近平关于社会主义文化建设论述摘编 [M]. 北京：中央文献出版社, 2017.

[63] 中共中央纪律检查委员会, 中共中央文献研究会.习近平关于严明党的纪律和规矩论述摘编 [M]. 北京：中央文献出版社, 中国方正出版社, 2016.

[64] 中共中央宣传部, 中共中央文献研究室.用文化建设 – 重要论述摘编 [M]. 北京：学习出版社, 中央文献出版社, 2012.

[65] 中共中央文献研究室.论群众路线 – 重要论述摘编 [M]. 北京：中央文献出版社, 党建读物出版社, 2013.

[66] 孙思敬.习近平主席国防和军队建设重要论述研究 [M]. 北京：军事科学出版社, 2016.

[67] 肖冬松.军事文化及其建设研究散论 [M]. 北京：人民出版社, 2016.

[68] 张海峰.强军之魂 人民军队的军事文化 [M]. 北京：重庆出版社：重庆, 2019.

[69] 王巍.军队文化工作概论 [M]. 北京：海潮出版社, 2011.

[70] 林培雄, 颜旭.先进军事文化创新发展方略 [M]. 北京：国防大学出版社, 2013.

[71] 李世增.军队院校先进文化建设理论与实践 [M]. 北京：解放军出版社, 2014.

[72] 刘志富.当代中国军事文化发展论纲 [M]. 北京：国防大学出版社, 2011.

[73] 先进军事文化理论研究.路雪彩, 孙烨, 梁文站 [M]. 北京：蓝天出版社, 2013.

[74] 汤德品, 杨明伟.军队网络文化建设研究 [M]. 北京：社会科学文献出版社, 2017.

[75] 任立亚, 王宏伟.基层部队铸造军魂专题读物 [M].北京：国防大学出版社, 2014.

[76] 胡福文, 李同敬.信息化战争后勤保障概论 [M]. 北京：海潮出版社, 2006.

[77] 宋学先.现代军事后勤科学总论 [M]. 北京：金盾出版社, 2001.

[78] 姚平.军事行为学 [M].北京:解放军出版社,1989.

[79] 任佩瑜.社会主义市场经济条件下军队思想政治工作探索 [M].北京:人民出版社,2000.

[80] 王幸生.军队政治工作学 [M].北京:军事科学出版社,2010.

[81] 《中国人民解放军军史》编写组.中国人民解放军军事(4-6卷)[M].北京:军事科学出版社,2011.

[82] 姜思毅.中国共产党军队政治工作七十年史 [M].北京:解放军出版社,1991.

[83] 靳希光.中国人民解放军文艺史初编 [M].北京:解放军文艺出版社,1997.

[84] 周健.中国军事法史(第一卷)[M].北京:法律出版社,2008.

[85] 吴志忠.外国军队政治工作研究 [M].北京:解放军出版社,2018.

[86] 原总政治部联络部.美军法制工作研究 [M].北京:解放军出版社,2010.

[87] 张煜,李书吾.美军随军牧师制度研究 [M].北京:解放军出版社,2006.

[88] 李抒音.俄联邦军事基本情况(2016年版)[M].北京:军事科学出版社,2016.

[89] 王德义,陈向阳.《论文化建设 – 重要论述摘编》学习读本 [M].北京:人民日报出版社,2012.

[90] 祁述裕.文化建设专题研究集 [M].北京:清华大学出版社,2016.

[91] 中共中央组织部.贯彻落实习近平新时代中国特色社会主义思想在改革发展稳定中攻坚克难案例 – 文化建设 [M].北京:党建读物出版社,2019.

[92] 樊锐.新时期文化建设探论 [M].北京:中共党史出版社,2012.

[93] 邓先庆,邓名瑛.文化建设论 – 中国当代德文化理念及其系统构建 [M].长沙:湖南人民出版社,1998.

[94] 吴广庆.文化融入 – 思想政治工作德方法论研究 [M].北京:中央编译出版社,2016.

[95] 朱敏彦等.中国共产党领导现代化建设基本经验 [M].上海:东方出版中心,2011.

[96] 王吉鹏.集团文化建设 [M].北京:中国发展出版社,2006.

[97] 辜正坤.中西文化比较导论 [M].北京:北京大学出版社,2007.

[98] 宫玉振.中国战略文化解析 [M].北京:军事科学出版社,2002.

[99] 徐勇,乔国华,余新忠.兵家文化面面观 [M].济南:齐鲁书社,2005.

[100] 吕思勉.中国文化十八讲 [M].北京:化学工业出版社,2014.

[101] 孙隆基.中国文化的深层结构 [M].北京:中信出版社,2015.

[102] 黑格尔.法哲学原理 [M].北京:商务印书馆,1961.

[103] 费孝通.中国文化的重建 [M].上海:华东师范大学出版社,2013.

[104] 苏力.制度是如何形成的 [M].北京:北京大学出版社,2007.

[105] 王沪宁.政治的逻辑 – 马克思主义政治学原理 [M].上海:上海人民出版社,2004.

[106] 钱穆.中国历代政治得失 [M].北京:三联书店,2012.

[107] 彭吉象 . 艺术学概论 [M]. 北京：北京大学出版社，2015.

[108] 张泰城，罗学渭 . 井冈山精神与当代大学生 [M]. 南昌：江西人民出版社，2009.

[109] 朱梅生 . 军事思想概论 [M]. 北京：国防大学出版社，1997.

[110] 金涛 . 严实精神 – 中国精神的深层力量 [M]. 北京：中华工商联合出版社，2016.

[111] 林凌，何静 . 审美的眼光 [M]. 北京：解放军出版社，2006.

[112] 吴东莞 . 新型军事人才成长与开发路径研究 [M]. 北京：解放军出版社，2019.

[113] 中共中央宣传部理论局 . 新时代面对面 [M]. 北京：学习出版社，人民出版社，2018.

[114] 切琳·康奈茨科，安娜·哈特 . 徐朵等译 . 美军礼仪 [M]. 北京：海潮出版社，2016.

[115] 爱德华·霍尔 . 何道宽译 . 超越文化 [M]. 北京：北京大学出版社，2010.

[116] 萨缪尔·亨廷顿，劳伦斯·哈里森 . 文化的重要作用 – 价值观如何影响人类进步 [M]. 北京：
新华出版社，2010.

[117] 萨缪尔·亨廷顿 . 文明的冲突与世界秩序的重建 [M]. 北京：新华出版社，2009.

[118] 杰里·D·穆尔 . 人类学家的文化见解 [M]. 北京：商务印书馆，2009.

[119] 特里·伊格尔顿 . 张舒语译 . 论文化 [M]. 北京：中信出版社，2018.

[120] 维克托·戴维斯·汉森 . 傅翀译 . 杀戮与文化 [M]. 北京：社会科学文献出版社，2016.

[121] 克利福德·格尔茨 . 韩莉译 . 文化的解释 [M]. 南京译林出版社，2014.

3. 报纸类：

[122] 吴玉印 . 军营文化建设需把握的三个方面 [N]. 战士报，2015–03–03.

[123] 陈庭国 . 军营文化力求务实 [N]. 人民武警报，2017–04–02.

[124] 刘方喜 . 反映中国特色社会主义新时代新特征是文艺新使命 [N]. 文艺报，2017–12–01
（002）.

[125] 李平 . 加强信息化时代军营文化建设的思考 [N]. 解放军报，2012–09–01（008）.

[126] 陈欢 . 强化"三种意识"抓建文化建设 [N]. 战士报，2011–11–03（004）.

[127] 孙庆聚 . 深刻领会习近平新时代中国特色社会主义文化思想 [N]. 人民政协报，2017–12–14
（012）.

[128] 邹立云 . 深入贯彻习近平主席文艺工作座谈会精神 大力推进先进军事文化建设创新发展
[N]. 西藏日报（汉），2014–11–18（007）.

[129] 欧灿 . 思想政治教育焕发勃勃生机 [N]. 解放军报，2012–08–14（001）.

[130] 许多 . 注重打造军营文化"五种品牌" [N]. 战士报，2012–01–20（003）.

4.论文集：

[131]李昆明.繁荣发展先进军事文化[Z].北京：解放军出版社，2012.

[132]国防大学中国特色社会主义理论体系研究中心.大.全军学习宣传贯彻习近平主席关于党在新形势下的强军目标重要思想研讨会文集[Z].北京：国防大学出版社，2013.

5.学位论文：

[133]张衡.美国军事文化研究[D].北京：军事科学院，2014.

[134]卢在松.部队基层管理软环境建设研究[D].长沙：国防科学技术大学，2014.

[135]汪靖.论红军军营文化[D].南昌：江西师范大学，2013.

[136]李洋.论军营文化及其德育功能[D].延边：延边大学，2012.

[137]马常亮.论新时期我军军营文化软实力的提升[D].长沙：国防科学技术大学，2011.

[138]周恩呈.能打胜仗目标下的军营文化建设[D].哈尔滨：哈尔滨理工大学，2014.

[139]佟棉.文化强国视域下部队基层文化建设研究[D].哈尔滨：黑龙江大学，2018.

[140]董婷婷.新时期我军军营文化建设研究[D].哈尔滨：哈尔滨工程大学，2007.

[141]谢红军.新时期中国军营文化的概念内涵及价值探析[D].武汉：华中师范大学，2008.

[142]张岩.当代军人社会主义核心价值体系融入路径研究[D].长沙：长沙理工大学，2013.

[143]兰飒.福建生物工程职业技术学院校园文化品牌建设研究[D].福州：福建农林大学，2018.

[144]张昕欣.国有企业思想政治工作与企业文化建设的共生关系研究[D].北京：中共中央党校，2016.

[145]郭禹.新中国成立后毛泽东军队现代化建设思想研究[D].昆明：昆明理工大学，2015.

[146]艾跃进.毛泽东军事思想的历史地位和当代价值[D].天津：南开大学，2012.

[147]谭锋.培育当代革命军人核心价值观内容与途径研究[D].锦州：辽宁工业大学，2016.

[148]曹睿.企业文化建设与思想政治工作相融合的研究[D].大庆：东北石油大学，2013.

[149]杨莉.清前期新疆准噶尔蒙古军事文化研究[D].乌鲁木齐：新疆大学，2018.

[150]高溪.全面建设现代后勤行为文化创新研究[D].西安：第四军医大学，2012.

[151]李楠.全面建设现代后勤精神文化创新研究[D].西安：第四军医大学，2012.

[152]宋伟.社会主义核心价值观融入高校校园文化建设研究[D].郑州：郑州大学，2016.

[153]常语桐.十八大以来我国加强文化自信建设存在的问题及对策研究[D].锦州：渤海大学，2019.

[154]张娜.十八大以来中国特色社会主义文化建设研究[D].兰州：西北民族大学，2017.

[155]江雪齐.习近平文化强国思想研究[D].重庆:重庆理工大学,2019.

[156]王珏.习近平关于文化自信的重要论述研究[D].哈尔滨:东北林业大学,2019.

[157]李斌.新军事变革背景下中国军队精神文化建设研究[D].长沙:湖南大学,2009.

[158]刘红.新民主主义革命时期中国共产党文化领导权思想与实践研究[D].西安:陕西师范大学,2018.

[159]王冰.新时期高校校园文化的分析和建构[D].长春:东北师范大学,2008.

[160]张国强.新时期国有企业企业文化建设与思想政治工作的融合研究[D].荆州:长江大学,2014.

[161]王小鹏.新时期中国共产党提高党内法规建设科学化水平研究[D].兰州:兰州大学,2015.

[162]何淼.中国共产党行为文化建设研究[D].济南:山东大学,2016.

[163]刘燕.中国共产党政治信仰建设研究(1921-1949)[D].上海:华东师范大学,2018.

[164]茹怡.中国特色军事法治现代化研究[D].西安:陕西师范大学,2016.

[165]陈光.从威武之师到文明之师—当代我军军营文化探析[D].上海:华中师范大学,2007.

[166]朱烨昕.论新时期军营文化建设[D].合肥:安徽大学.2004.